AF139335

Berliner Zwischen Welten

von
Michael Jordan

Bibliografische Information der Deutschen
Nationalbibliothek:
Die Deutsche Nationalbibliothek verzeichnet
diese Publikation in der Deutschen
Nationalbibliografie; detaillierte bibliografische
Daten sind im Internet über http://dnb.dnb.de
abrufbar.

Covergestaltung: Christine Zecha
Tausend Dank an Christine!
christinezecha@aol.com

Herstellung und Verlag:
BoD – Books on Demand, Norderstedt

ISBN: 9783738619775

Inhaltsverzeichnis

Skurril oder wahr?

Ich freue mich, dass Sie mein Buch in Händen halten und bin festen Glaubens, dass es keine *dezentralisierte Sicherheitskopie* ist, sondern vielleicht sogar echtes Papier!

Wer nicht selbst schreibt, kann sich wahrscheinlich keine Vorstellung davon machen, welcher Arbeitsaufwand dahinter steckt. Darum hab ich mal die Geburtsdaten der Texte mit angegeben. Auch, wenn`s nichts über die tatsächliche Arbeitszeit aussagt. Aber egal.
In dieser ersten Rubrik finden sich fünf recht verschiedene Texte.

Probleme und Lösungen erschien 2006 als einer der Gewinnertitel für die Anthologie:
Der Tod aus der Teekiste (Schreiblust-Verlag) mit sehr skurrilen Texten.
Natürlich, wie fast alle Texte im Buch, von mir in diesem Jahr überarbeitet.
Etwas bizarr und für Freunde des schwarzen Humors gedacht.

Mit *Steppende Nieren* hab ich 2005 begonnen. Ebenso bizarr, aber sehr viel zynischer, vieles davon leider wahr.
Klar - komplett überzogen! Andererseits vielleicht doch nicht.
Ganz anders der Text: *Tramping*. Dieser stammt aus 2016 und ist nur eine einfach erzählte, schöne Erinnerung an einen Urlaub.

Der gesponnene *Löffelglück*-Text stammt aus 2010. Vielleicht. Wahrscheinlich früher.

Im Laufe der Zeit haben sich zu viele Texte angesammelt, so dass es schwerfällt, sich an genaue Entstehungsdaten zu erinnern.
Löffelglück ist aus einer Art Ärger entstanden, aber ganz anders, als der Nierentext. In der Zeit der Entstehung war ich besonders extrem von der allgemeinen, geistlosen Werbung genervt.
Wie man sicher beim Lesen bemerken wird.

Der letzte Text in dieser Rubrik - Engelei - entstand 2015.
Er stand auch Pate für das Cover, symbolisiert den Titel des Buches und ist FAST erotisch!

Ich hoffe, dass ich die meisten Fehler in diesem Buch eliminiert habe. Wenn einer gefunden wird: teilt es mir mit!
Oder schickt mir Eure Kommentare - negativ oder viel lieber natürlich positiv - an: buch@engelsfluestern.de.

So, jetzt viel Spaß beim Lesen!
Mit der Gewissheit, dass die Geschichtentexte besser sind als meine Vorworte.

Michael Jordan

Probleme und Lösungen

Werner Proll konnte man als einen typischen Verlierertypen bezeichnen:
Sein bester Freund war seit langem der Alkohol, das Haus war nicht abbezahlt und die Wettleidenschaft unseres Arbeitslosen war größer als sein Glück.
Wo seine Frau steckte, konnte er nur ahnen. Verabschiedet hatte sie sich nicht.
Er vermutete, dass sie jetzt einem ihrer zahlreichen Liebhaber auf den Keks ging.
Wenigstens ließ ihn dieser Umstand in Ruhe fernsehen.
Proll musste laut lachen, verschüttete dadurch wertvollen Gerstensaft. Es lief ein Beitrag über Probleme. Welch passendes Thema!
Das viele Bier machte ihn langsam duselig im Kopf, wodurch seine Aufmerksamkeit nachließ und er schläfrig wurde. Bald drangen nur noch ab und an Wortfetzen zu ihm durch.
Als er vom Läuten der Türklingel aufschreckte, stellte Proll fest, dass er eingenickt war.
Fluchend raffte er sich auf, ging zur Tür und öffnete.

„Guten Tag!", sagte ein untersetzter Mann im schwarzen Anzug und fuhr fort:
„Mein Name ist Günter Huber. Sind Sie Werner Proll?"
„Ja", kam die misstrauische Antwort.
Der Kleine überlegte einen kurzen Moment, machte einen Schritt auf Proll zu, holte aus, schlug ihm mit dem Handrücken ins Gesicht und riss dabei mit seiner goldfarbenen Uhr

einen Fetzen Haut aus Prolls Gesicht.

Werner Proll fiel nach hinten auf den Boden.

Der Mann setzte einen Fuß auf seinen Hals.

„Ich wollte Sie an Ihren Rückzahlungstermin erinnern!", mahnte Huber und erhöhte den Druck auf Prolls Kehle. Als dieser anfing Sterne vor den Augen tanzen zu sehen, löste Huber seinen Fuß, drehte sich um und ging wieder zur Tür hinaus. „Ich komme wieder!", meinte er noch kurz.

„Ungelöste Probleme fressen einen auf!", rief es in Proll. „Scheiß Fernsehen!"

Er stand taumelnd auf und trat gegen die Haustür, die geräuschvoll ins Schloss flog. Immerhin hatte ihm der Schlag den Alkohol aus dem Kopf getrieben. Er dachte an den Zahlungstermin und die Konsequenzen bei Nichteinhaltung.

Da fiel ihm ein, dass er schon einmal überlegt hatte, sich einen Untermieter ins Haus zu nehmen. Das würde bedeuten, dass er mit der Mietkaution beim Pokerspiel sein Geld zurückgewinnen könnte.

Am nächsten Tag schaltete Werner Proll eine Annonce.

Unmittelbar nach Erscheinen des Inserates rief ein erster Interessent an. Ihm schien es auf die Kosten nicht anzukommen, war aber am Telefon nur schwer zu verstehen, weshalb Proll mit ihm schnell einen Termin für denselben Tag ausmachte.

Pünktlich zwei Stunden später klingelte es an der Tür.

„Olaf Rau, sehr angenehm", stellte der Mann sich näselnd vor.

Dieser Kerl war Proll sofort unsympathisch.

Er schien relativ jung zu sein, hatte so ein behaartes Äußeres – übermäßig viele Haare im Gesicht und auf den Handrücken - und eine abartig tiefe, nuschelnde Stimme, die nicht viel verständlicher als am Telefon war.

Aber ok, die jungen Leute von heute hatten nun mal eine seltsame, eigene Sprache.

Am schlimmsten jedoch empfand Proll den stechenden Blick aus gelblichen Augen.

Trotzdem bat er diesen Olaf Rau – eine Ausgeburt an Langsamkeit – höflich herein.

Schließlich war sein Geld so gut wie das jedes anderen.

Während Proll ihm das Souterrain des Hauses zeigte, den Teil, den er vermieten wollte, trieb er Miete und Kaution in die Höhe.

Olaf Rau amüsierte sich dabei wie ein Kind, willigte begeistert in alles ein, zahlte die erste Miete plus Mietkaution sofort in bar und zog augenblicklich ein.

Proll freute sich über das Bargeld seines seltsamen, schon etwas unheimlichen Untermieters.

Die ersten Tage bekam er ihn kaum zu Gesicht, hörte nur manchmal seinen schleppenden Gang und sein röchelndes Lachen, wenn im Fernsehen ein Trickfilm lief. Noch so ein TV – Junkie …

Einige Zeit später erschien wieder Günter Huber, um das ausstehende Geld einzutreiben.

Huber erhielt einen Teil des Betrages, mit dem er jedoch nicht einverstanden zu sein schien. Er drängte Proll ins Haus, schloss die Tür hinter sich und zog einen Schlagstock aus der Tasche. Voll Panik griff Proll nach dem nächstbesten Gegenstand und schlug zu. Der Schlag gegen den Kopf des Geldeintreibers hinterließ ein tiefes Loch. Günter Huber glotzte ein letztes Mal ungläubig und sackte dann zu Boden. Es sah nicht so aus, als würde er noch einmal von allein aufstehen.

Proll hoffte, dass er seinen Untermieter nicht aufgeschreckt hatte.

Er holte schnell einen großen Sack, zog unter lautem Knarzen den Gegenstand aus Hubers Kopf, stopfte mit Schweiß auf der Stirn die Leiche in den Sack und schleppte sie in den Schuppen hinter dem Haus. Dort sollte sie bleiben, bis ihm etwas Besseres bei ein, zwei guten Flaschen Bier einfiel.

Diese vertrackte Situation und die helle Sommernacht ärgerten Proll.

In der Dämmerung und nach vier Flaschen Bier wagte er sich schließlich mit einer Taschenlampe erneut ins Freie, darauf hoffend, nicht gesehen zu werden.

Vorsichtige Blicke nach links und rechts – die Luft war rein und Proll konnte im Halbdunkel zum Schuppen huschen.

Beim Öffnen der Schuppentür knarrte es in die Stille hinein. Er merkte sich ein paar Tropfen Öl vor. Ein zweiter Gedanke kam ihm, als er den Leichensack nicht entdecken konnte, trotzdem er mit seiner Taschenlampe alles ausleuchtete.

Er sollte vielleicht auch ein Schloss an der Tür anbringen.

Für ihn gab es nur eine Erklärung: Günter Huber war nicht tot und würde sicherlich bald zu ihm zurückkehren, um sich zu rächen.

Proll zitterte und ging rückwärts aus dem Schuppen.

Als er sich umdrehte, stand sein Untermieter Olaf vor ihm.

„'Nschöneabnd, nichwa!", zischelte dieser und grinste dabei ins Taschenlampenlicht.

Proll überkam in diesem Augenblick eine große Übelkeit.

Seinen Untermieter hatte eine Furcht einflößende Blässe überzogen, die Augenfarbe erinnerte nun fast an Eiter und in seinem Gesicht schienen sich die Spuren eines Kampfes zu zeigen.

Werner Proll dachte an seinen Bierkonsum, den er vielleicht reduzieren sollte.

Mit zittriger Stimme wünschte er ihm auch einen schönen Abend und verabschiedete sich sofort und wahrscheinlich recht undiplomatisch.

In dieser Nacht konnte Proll keinen Schlaf finden.

Der hätte vermutlich sowieso nur Albträume gebracht.

Als endlich die Sonne aufging, frühstückte er rasch eine Flasche Bier und ging zum Schuppen, um sich noch einmal umzuschauen.

Entdecken konnte er nichts.

Der Tag zog sich träge dahin. Unruhe bereitete ihm Magenschmerzen und das

Fernsehprogramm konnte ihn nicht ablenken. Proll musste zu diesem Olaf, musste herausfinden, ob er etwas mitbekommen hatte. Er nahm sich vor, heute Abend zu ihm zu gehen – nachbarschaftlich mit ein paar Flaschen Bier.
Gegen zwanzig Uhr stieg er die Treppen ins Souterrain hinunter.

   Sein Untermieter hätte ihn bemerken müssen, denn das Klirren der Bierflaschen und die Schritte auf den Stufen waren laut genug. Dass er es nicht tat, verriet seine Reaktion. Er saß auf einem Sessel dicht vor dem Fernseher, sein Kopf ruckte herum, irgendeine sämige Flüssigkeit rann aus seinen Mundwinkeln und sein Grinsen war nicht ganz so breit wie gewohnt.
Als Proll seinen Blicken auswich und zu Boden sah, störte ihn etwas. Es war ein Arm, den eine goldene Uhr zierte. Ein Knochen ragte aus einem Ende des Armes hervor. Prolls Blick richtete sich wieder auf Olaf.
Dessen Augen leuchteten vor Freude. Er grinste breiter und nickte ihm wie um Anerkennung bettelnd zu.
Proll wusste nicht, ob er nun erleichtert oder schockiert sein sollte, nickte aber vorsichtig zurück.
Was für eine Situation!
Da saß dieser Typ in seinem Souterrain, sich ergeifernd an dümmlichen Trickfilmen, umgeben von Stapeln säuberlich aufgetürmter Knochen und lächelte ihn an.
„Mein Untermieter frisst meinen Toten! Und

14

zahlt dazu noch Miete!", dachte Proll. Sein Magen konnte sich mit der neuen Situation nicht anfreunden und begann erneut zu rebellieren.

Olafs Nuscheln war unverständlich. Es sollte wohl etwas Mitleidiges sein. Er nickte dabei beständig und steckte ermutigend einen Daumen in die Höhe.

Proll brachte nur ein krächzendes „Ja, ja!" heraus, drehte sich langsam um und ging wieder hinauf, um sich zu übergeben.

Auch in dieser Nacht wälzte er sich im Bett hin und her.

Zwei Tage vergingen, an denen Proll sich auf dem Sofa fläzte und Unmengen von Bier in sich hinein kippte. Olaf hatte er seit jenem Abend nicht mehr gesehen.

Am dritten Tag nach Null wurde Proll wieder einmal vom Türklingeln aufgeschreckt. Von Müdigkeit geschwächt, ging er schleppenden Schrittes zur Tür. Gleichzeitig vernahm er aus dem Souterrain schlürfende Geräusche.

Olaf schien das Klingeln gehört zu haben und kam langsam die Treppe herauf. Als er neben Proll stand, öffnete dieser die Wohnungstür.

Der Kerl, den er erblickte, hätte Günter Hubers Bruder sein können: klein, untersetzt, schwarzer Anzug.

Während sich der Huberklon vorstellte und nach seinem Namen fragte, sah Proll nach kurzem Zögern Olaf an und nickte kaum merklich.

Olaf grunzte laut, machte einen Schritt aus dem Schatten der Tür nach vorn, packte den verblüfften Kerl am Hals und brach ihm beim Hereinziehen hörbar das Genick.

Proll schloss schnell die Tür und klopfte Olaf dankbar auf die Schulter.

Dieser schulterte den Geldeintreiber und trug ihn hinunter in seine Behausung.

Einen Moment stand Proll noch an der Treppe und blickte ihm hinterher.

Vielleicht sollte er ihn in einer dieser TV-Shows anmelden, dieser Container-Show zum Beispiel, mit diesen ganzen anderen sabbernden Gestalten, dachte er. Er würde nicht auffallen und bestimmt mit Geld überhäuft werden.

Als Olaf dem Toten einen Arm abriss und sich ein Stück davon in den Mund schob, beschloss Proll, sich wieder auf das Sofa zu legen und erstmal eine Flasche Bier zu leeren.

Mit der Zeit wurde Proll gelassener. Die nächsten Schuldeneintreiber schickte er direkt ins Souterrain. Und auch der Mann vom Finanzamt hatte ihn zum letzten Mal gestört. Er ließ nun immer Musik laufen, damit ungebetene Besucher nicht von Olafs schlürfenden Schritten oder seinem Gegrunze beim Speisen oder Fernsehen abgelenkt wurden.

Da der aufdringliche Mensch von der GEZ ausgerechnet kam, als Olaf genau 3 Monate sein Untermieter war, bat Proll ihn zunächst in seine Küche, gab vor, ein Formular unterschreiben zu wollen, servierte ihm dabei jedoch diverse Köstlichkeiten, bevor er ihn ins Souterrain schickte.

Sicher würde Olaf diese Füllung zum kleinen „Jubiläumsstag" zu würdigen wissen …

Das mit seiner Frau, die eines Tages plötzlich in der Tür stand, nahm er Olaf allerdings ein wenig übel. Er erreichte kurz vor Proll die Tür und brachte Frau Ex-Proll mit einer knappen, gezielten Bewegung in Ruhelage. Da Proll aber langsam die Eintreiberspeisungen ausgingen und die Vorräte im Souterrain einen Tiefstand erreicht hatten, senkte er seine Augenlider und deutete ein Nicken an.

Überhaupt hatte sich Olaf weiter sehr zu seinem Nachteil entwickelt. Seine Bewegungen wurden immer abgehakter, sein Aussehen ähnelte mehr und mehr eher dem eines Tieres. Dazu passten auch die Geräusche, die ehemals Sprache waren. Proll wunderte sich, denn die Nahrung war meist frisch und enthielt sicherlich genug Mineralien und Spurenelemente.

Er schob es auf das Fernsehen.

Proll hatte es sich zur Gewohnheit gemacht, all die unverdaulichen Wertgegenstände der Verblichenen an sich zu nehmen. Zum Beispiel die Ringe seiner Ex-Frau, die wollte er sich jetzt holen und ging die Stufen hinab.

Trotz Olafs Veränderung, eines konnte Proll ihm nicht nachsagen: Die hohe Kunst der Lagerung und Sortierung von Speisen und Speiseabfällen. Heute jedoch stolperte er über einen herumliegenden Knochen, segelte die Treppe hinunter und brach sich unter Schmerzensschreien ein Bein.

Mindestens.

Olaf verfolgte den Sturz mit ausdruckslosem

Gesicht. Erst als Proll auf dem Boden lag, begann er zaghaft zu grinsen. Er erhob sich, warf noch einen Blick auf den flimmernden Fernseher und bewegte sich langsam auf seinen Vermieter zu.

Nickend, grunzend und grinsend.

Proll wurde schlecht.

Olaf war nun fast bei ihm. Proll konnte bereits Magenknurren hören.

„Jedes ungelöste Problem frisst einen eines Tages auf!", schoss es ihm durch den Kopf.

Proll lachte.

Erst leise, dann lauter und schließlich hysterisch.

Tränen der Angst vor der Pein der ersten Bisse liefen über seine Wangen.

Als Letztes sah Proll noch Olafs Daumen, den er grinsend in die Luft hob …

Steppende Nieren

Sechs Monate hatte ich eingesessen, weil ich dem Staat mal wieder einen Dienst erwiesen hatte.

Eine zu kurze Zeit für mich, denken Sie?

Egal, wofür?

Dem Staat einen Dienst erwiesen?

Die Strafe war halt angemessen.

Ich hatte ja nicht falsch geparkt, war nicht bei Rot über die Straße gegangen, oder hatte nachts zu laut Musik gehört.

Und im Grunde ist es im Knast besser, als in einem unserer Pflegeheime.

Nur dass man sich in ersterer Lokalität auf das tägliche Pudern verlassen konnte.

Ich trat durch das riesige, eiserne Tor hinaus auf die Straße, sog die verstaubte Luft in mich hinein und wich erfolgreich einer halbvertrockneten Hinterlassenschaft auf dem Gehweg aus.

Manche Dinge ändern sich eben nie.

Um es kurz zu beschreiben und Ihre Neugier zu befriedigen: Ich hatte die Mission, unter anderem Lösungen für das derzeitige Arbeitslosenproblem zu finden. Also Geringverdienern Möglichkeiten zu bieten, ihr armseliges Salär aufzubessern. Was zwar an deren Situation grundsätzlich nichts ändern, aber diesem Pöbel einen Maulkorb verpassen würde. Denn das Einkommen würde dann zwar kaum höher sein, aber – erst einmal in Lohn und Brot gebracht – wäre keine Zeit mehr für die Malocher, dagegen aufzubegehren.

Das war – grob gesagt – die kurze Beschreibung meines hervorragend bezahlten Jobs mit dem kleinen Makel eines unvermeidlichen, relativ kurzen Einsitzens, welches man auch als symbolisch bezeichnen könnte.

Die *Regierung* war es schlicht leid, Statistiken ständig den Gegebenheiten anpassen zu müssen und je nach Bedarf zu verbiegen. Sich Woche um Woche neue Rechtfertigungen auszudenken.

Was ich hiermit niemals gesagt habe!

„Traue keiner Statistik, welche du nicht selber gefälscht hast!"

Soll Winston Churchill mal gesagt haben. Und bei ihm war man ja in guter Gesellschaft.

Mal ehrlich: Haben Sie sich nie darüber gewundert, dass die Arbeitslosenzahlen ständig sinken, Sie aber immer mehr Menschen in Ihrem Umfeld haben, die ihren Job verlieren oder trotz Arbeit, vielleicht sogar in mehreren Jobs, kaum noch Geld und Zeit haben? Höchstens, um wegen aufstockender Leistungen die Ämter zu bekriechen?

Nun ja, mein Lösungsversuch jedenfalls war revolutionär.

Zumindest für einen kurzen Zeitraum.

Unter dem Vorwand von Mündigkeit und Selbstverantwortung hatte man das Heer der Arbeitslosen sich selbst überlassen. Sie agierten nun in Eigenverantwortung, waren für sich selbst verantwortlich, mussten in regelmäßigen Abständen interne Wahlen abhalten, sich verwalten und erhielten Gelder vom Staat, welches sie auf ihre Leute verteilen mussten. Verbunden mit allen notwendigen Kontrollmaßnahmen.

Schon war der größte Ärger damit auf ein paar Dumme verteilt.

Und man konnte den Wegfall einiger Instanzen durch das Schaffen neuer, besser bezahlter Stellen für die Kontrollinstanzen kompensieren. Eine Krähe hackt der anderen nun mal kein Auge aus …

Eigentlich ein bekanntes Vorgehen. Dienstleistungen kostengünstig auszulagern wird schon seit geraumer Zeit durchgeführt und wird im Wirtschaftssystem auch dauerhaft verankert bleiben.

Das merken Sie zum Beispiel spätestens, wenn Sie versuchen, eine Bedienungsanleitung zu verstehen, die - da preiswerter für die Firmen - von einer frustrierten Hausfrau zwischen Bügeln und unterbezahltem Vollzeitjob erstellt wurde. Und Sie sind daran ja auch mitschuldig, wenn Sie ständig nach dem Preiswertesten jagen, um es erst dann zu kaufen.

Aber zurück zur Sache.

Um diese Regelung der Pseudo-Autarkie durchsetzen zu können, mussten natürlich auch Gelder fließen, die nicht in den Büchern erschienen.

Aber dieses Vorgehen kennen Sie ja auch.

Hier mal ein kleines Landhausurlaubssponsoring in der Karibik, eine Spende für die Parteikasse oder ein Job beim BER-Flughafen. Könnte man seitenweise fortsetzen.

Eine undichte Stelle im System ließ diese Aktionen auffliegen. Undicht in dem Sinne, dass jemand schwatzhaft wurde, weil er von anderer Seite noch besser geschmiert wurde. Letztlich nicht so schlimm, denn diesbezügliche Strafen fürs Ertappt werden wurden seit jeher von allen Parteien und Gerichten wohlweislich gering gehalten, da man ja in diesem Wirrwarr selbst irgendwo involviert sein könnte und eine detailliertere Untersuchung vielleicht auch den eigenen Job und die Immobilien im Ausland kosten könnte.

Je höher der Betrug und das Ansehen, desto größer die Wahrscheinlichkeit, selbst irgendwo beteiligt zu sein und dementsprechend niedriger fiel die Strafe aus.

Leider musste diesmal jedoch ein Sündenbock benannt werden – und der war ich.

Als Folge von Demonstrationen und Straßenschlachten nach Bekanntwerden der Halbwahrheiten, denn alles kommt nie ans Licht.

Die kleine Aufwandsentschädigung ließ mich auch im Knast gut leben.

Jene Selbstverwaltungsidee war sowieso ein totgeborenes Kind, und sollte nur eine Zeitlang den Schein der Bemühungen wahren.

Die Straßen waren voll mit Demonstranten. Auf einer Kreuzung versuchte ein „50 Cent-Jobber" den Verkehr zu regeln. Auch eine Idee von mir, die mir in der Gefängniszeit kam. Die Wiedereinführung des Arbeitssuchenden-Zuverdienstes: Die Leute wie blöd arbeiten lassen, es „soziales Engagement" nennen und ihnen zusätzlich ein wenig Geld vor die Füße werfen. Genial!

Die mussten jetzt allerdings solche Jobcenter-Armbinden tragen, da sich die elektronischen Fußfesseln als noch nicht ausgereift genug erwiesen hatten. Was nutzt die ganze Technik, wenn die Dinger beim Gehen immer penetrant klappern und stören …
War ja auch nicht meine Idee.
So oder so sollte es wie erwähnt ein Zeichen sozialen Engagements von Arbeitslosen und Geringverdienern sein. Potentielle Arbeitgeber konnten sich so unbemerkt ein Bild von den jeweiligen Leistungen dieser sozial Engagierten machen.

In meine Gedanken hinein flankierten mich plötzlich zwei Men in Black.
Schwarze Anzüge, schwarze Brillen, schwarze Hüte.
Ein wenig sahen sie aus wie die beiden Fliegen, die sich eben am Hundehaufen gütlich gehalten und genährt hatten.
„Rot gesessener Popo?", fragte einer der beiden an mich gerichtet mit rauer Stimme und Blick auf seine Armbanduhr.
Und schwarzer Humor, dachte ich, blieb aber still.
Beide hielten mich mit festem Griff an den Armen.
Der andere dieser Typen nuschelte irgendwas von Geheimdienst, Sonderabteilung und hielt mir flüchtig ein ausweisähnliches Dokument hin.
Ich äußerte keine Einwände, hatte wie immer ein schlechtes Gewissen.
Hatten mich jetzt auch noch meine anderen,

längst vergangenen kleinen Transaktionen eingeholt?

Ohne Gegenwehr ließ ich mich zu einem - natürlich schwarzen - Wagen führen, in den man mich hineindrückte.

Ich grübelte nun, wie sie mit ihrem Wagen durch die Menschenmassen kommen wollten, und erst dann, was gleich mit mir geschehen würde.

Ein Autokorso, Teil einer Besserverdienenden-Demonstration, überfuhr gerade wild hupend von links die Kreuzung. Ich sah große, offene Cabrios, gezogen von je sechs Arbeitslosen. Ein normales Bild in Zeiten der Energieknappheit. Aus den Autos lugten Transparente, auf denen der soziale Abstieg prophezeit und ein achtzehntes Monatsgehalt gefordert wurde.

Piloten in schmucken Uniformen stritten für Bonuszahlungen, da sie ja während des Fluges das Cockpit nicht verlassen durften und jegliche Notdurft in kleine Plaste-Enten verrichten mussten, deren Hälse natürlich schnell voll waren.

Auch Banker waren zu sehen. Sich ängstigend vor seelischer Grausamkeit ob schwankender Kurse an der Börse und der Ungewissheit, dass wegen Abzahlungen an der zweiten Immobilie der Neuwagen für den jüngsten Spross nicht finanzierbar wird.

Aber egal, auch wenn die vermeintliche Fratze der Armut in noch weiteren Berufen aus den Wagen kotzte, ich konzentrierte mich wieder auf den anderen Verkehr.

24

Der 50 Cent-Jobber auf der Kreuzung winkte mit ausladenden Bewegungen die Wagenkolonne weiter, während er einen weiteren, anderen Demonstrationszug zum Pausieren delegierte. Dazwischen überall Menschen, die mit LED-Laufschriften auf den Hemden für ihre Arbeitskraft warben.
Coole Idee!
Einige von denen warfen sich vor die Autos, um sie zum Anhalten zu bewegen und in der Hoffnung, die Fahrer zu einer individuellen Dienstleistung überreden zu können. Was eigentlich nicht sehr mutig war, bei dem geringen Tempo der Wagen.
Andere winkten mit ihren Scheibenwaschutensilien dezent vom Straßenrand, sehnsüchtig um ein Putzerlebnis bettelnd.
Ein klatschendes Geräusch ließ mich nach links schauen. Eine Frau presste ihre Brüste gegen unsere Seitenscheibe. Auf ihrem nassen T-Shirt stand: Nimm 2! „Die 2-AG". Darunter eine 0190 Nummer. Mein Wagenlenker öffnete mit einem Ruck seine Tür und entledigte sich der Beiden.
Wir fuhren in Richtung Kreuzung weiter. Scheinbar fuhr dieser Wagen noch mit Benzin. Ein Luxus, nachdem sich einige Staaten entschlossen hatten, größeren ölfördernden Ländern ihre Ansicht von Demokratie nahe zu bringen und die Ölreserven ins Nirwana verpufft waren.
Die Lobby gegen alternative Energien war einfach zu groß; Lösungen für dieses Problem der Energieknappheit warf einfach zu wenig

Gewinn ab.

Mein Bewacher neben mir holte aus seinem Brillenbügel eine Verlängerung heraus und zog sie zum Mund: ein Mikrofon.

Ich hörte ihn leise eine Nummer hineinsprechen und dann ein paar Sätze nuscheln.

Unmittelbar darauf richtete der Verkehrsregulator vor uns wilde Gesten an die Verkehrsteilnehmer, die sofort eine vorbildliche Gasse für uns bildeten. Dort fuhren wir hindurch.

Nach ca. zehn Minuten Kreuzfahrt hielten wir wieder vor dem Knast.

Sollte mich wohl verwirren, also tat ich so, als würde ich nichts bemerken.

Der Fahrer drehte sich zu mir um, sah mir erst stumm in die Augen und sagte dann grinsend: „Wir wollen das Haus doch alle wieder auf normalem Weg verlassen, nicht!"

Sie zerrten mich aus dem Wagen.

Wir gingen durch einen unscheinbaren, kleinen Seiteneingang in das Gebäude. Die Beiden nahmen ihre Brillen ab und ließen ihre Augen von einem Sensor vor einer sonst unüberwindbaren Drehschranke abtasten. Anschließend drückten sie meinen Kopf an das Gerät. Ich spürte einen heftigen Stich im Auge, während ich einem kurzen Strip-Clip beiwohnen durfte.

Dann fuhren wir mit einem Aufzug bis in die dreizehnte Etage hinauf.

Es ging einen langen Gang entlang, vorbei an zwei rüstigen alten Herren, die sich verbeugten und uns ein: „Zu Diensten!" zuraunten.

Ein paar Meter hinter den alten Herren wurde ich in ein Zimmer mit schummrigem Licht gebracht, auf einen Stuhl gesetzt und von meinen Bewachern allein gelassen.
„Schön brav Sitz machen!", meinten sie im Chor beim Hinausgehen.

Sehr offiziell sah es hier nicht aus …
Nach einer Weile, in der ich mich nicht getraut hatte aufzustehen, flammte das Licht auf und einige Personen betraten den Raum.
Ich war geblendet und konnte zunächst nicht viel erkennen.
Mir gegenüber nahmen mehrere Leute Platz, von denen ich nur schemenhafte Umrisse registrierte.
Jemand von ihnen sprach eine kurze Begrüßung.
Eine andere Stimme fuhr fort, dass nun meine Vergehen aufgezählt werden würden und ich mich anschließend dazu äußern könne.
Wenn ich mich eben noch gefragt hatte, wobei sie mich ertappt haben könnten, nachdem ich ja gerade erst eine Zeit abgesessen hatte, so musste ich nun feststellen, dass sie kaum etwas ausließen von den Dingen, derer ich mich bisher entziehen konnte.
Kleinere Gaunereien, Scheckbetrügereien, Trickdiebstähle, Schwarzarbeit …
Die Liste schien kein Ende nehmen zu wollen.
Und an Verschiedenes erinnerte ich mich erst wieder, als es erwähnt wurde.
Als sie fertig waren wurde ich aufgefordert, mich zu den Vorwürfen zu äußern.
Ich sagte gar nichts.

Zwei Hände griffen mich von hinten an den Schultern und drückten mich fester in den Sitz. Dann zwang man mich, mehrere politische Reden, die über einen Beamer an eine Wand projiziert wurden, anzuschauen.
Und anzuhören!
Es sollte meinen Geist abstumpfen, meine Fähigkeit, logisch zu denken beeinflussen.

   Stellen Sie sich vor, sie würden nacheinander Reden einiger Politiker verschiedener Parteien zu genießen bekommen.
„JA", würden Sie nach der ersten Rede denken, „er hat Recht!"
Dann käme der zweite an die Reihe. Und auch diesmal denken Sie: „Jawohl!"
Obwohl sich alle Reden grundsätzlich unterscheiden, würden Sie jedem der Redner zustimmen. Was alles sehr gefährlich macht. Diese geübte Rhetorik – meistens – treibt einen in den Wahnsinn.
So ungefähr müssen Sie sich meine Situation vorstellen.

   Ich überstand es. Man nahm mein Schweigen - trotz der Tortur - zur Kenntnis und entließ mich wieder aus dem Raum.
Draußen setzte ich mich auf die Bank, zwischen meine beiden Bewacher.
Die Zeit schlich dahin. Mein rechter Nachbar winkte einen der alten Herren - Rentner - zu uns heran und zeigte mit einer lässigen Bewegung auf den Boden vor unseren Füßen.

Ich bitte, es mir nachzusehen, dass ich noch immer den Begriff *Rentner* verwende. Offiziell wird diese Bezeichnung zwar noch verwendet, inoffiziell hat sich dieser betroffene ältere Teil der Bevölkerung jedoch in Pensionäre einerseits, bzw. monetär Gleichgestellte und Altersbittsteller andererseits - ehemals Rentner - aufgeteilt.

Altersbittsteller waren also praktisch das, was nach einem Arbeitsleben als Kassenpatient übrig blieb.

Und hier, am Ende der Nahrungskette, landete man, weil die *Rente* natürlich nach all den Jahren des Einzahlens nicht reichte, denn maßgebend für die Berechnung war das Einkommen vor der Winterzeit des Lebens. Und das war für die Allgemeinheit überdurchschnittlich unterdurchschnittlich.

Private Vorsorge, leider auch keine Idee von mir, obwohl man damit als Anbieter unter anderem auch gutes Geld verdienen konnte, war ein Traum.

Am Ende hieß es dann, entweder weiter zu arbeiten, bis man seine Suppe nicht mehr selbst lutschen konnte, oder sich in einem sogenannten Pflegeheim einzuquartieren, sich wund zu liegen und dem Sensenmann zu huldigen.

So schnell es ihm möglich war, hatte sich der Rentner zu uns begeben.

„Sehr wohl!", meinte er wissend und begann vor uns zu steppen und zu singen. Durch seine fehlenden Zähne war sein Gesang nicht besonders erträglich. Trotzdem wippten meine

Bewacher mit ihren Körpern rhythmisch im Takt und schienen sich sichtlich zu amüsieren. Als der lustige Alte fertig war mit seinem Stepptanz, verneigte er sich höflich vor uns. Mein linker Nachbar griff in die Innentasche seiner Jacke, holte einen prallen Butterbrotsbeutel heraus und reichte diesen gönnerhaft unserem Tänzer. Einen Augenblick dachte ich aus dem Blick des Rentners Verachtung entnehmen zu können. Dieser jedoch bedankte und verneigte sich, lief dann ruhigen Schrittes zurück zu seinem Kumpel. 50-Cent-Jobber mit Sonderkonditionen …
Eine ganze Zeit später öffnete sich eine Tür und man bat mich hinein.

Das grelle Licht war normaler Raumbeleuchtung gewichen. Die schemenhaften Gestalten hatten nun Gesichter und saßen sichtbar auf ihren Stühlen.
„Bitte nehmen Sie Platz!", meinte einer von ihnen.
Ich setzte mich.
Eine andere Tür öffnete sich und ein weiterer Mann trat herein.
Er setzte sich auf den freien Stuhl genau mir gegenüber und begann zu reden.
„Sie haben sich zu den von uns gegen Sie erhobenen Anschuldigungen nicht geäußert."
Ich nickte. In diesen Zeiten besser das Maul zu halten, war kein neuer Gedanke.
„Sicherlich haben Sie sich über die jetzige Situation schon Ihre Gedanken gemacht, jedoch darf ich versichern, dass Sie mit höchster Wahrscheinlichkeit zu einem falschen

Schluss gekommen sein dürften."

Mein dummer Gesichtsausdruck reichte ihm als Antwort.

„Ich möchte Ihnen ein paar Dinge unterbreiten!", fuhr er fort.

„Ihr Schweigen zu den Ihnen unterbreiteten Taten haben wir positiv als Zustimmung gewertet und darin eine gewisse Loyalität gegenüber Regeln - so möchte ich es der Einfachheit halber bezeichnen - ausgemacht. Bei unserer, nennen wir es: Organisation, handelt es sich nicht um eine Instanz zur Verbrechensbekämpfung. Nichts von dem, was wir gegen Sie ermittelt haben, wird von dieser Stelle aus weitergeleitet werden. Wahrscheinlich.

Aber ich weise Sie darauf hin, dass alles, was Sie erfahren werden, der höchsten Geheimhaltung unterliegt. Sollten Sie sich trotzdem dazu hinreißen lassen, irgendeine Information weiterzugeben, werden wir Schritte gegen Sie einleiten, die nichts mit herkömmlichen Polizeimaßnahmen zu tun haben werden. Soweit verstanden?"

Kann man dümmer als dumm schauen? Wenn ja, dann tat ich das jetzt.

„Wir möchten Sie anwerben!", dröhnte seine Stimme.

Meine Kinnlade klappte herunter.

„Wir billigen natürlich keineswegs Ihre kriminellen Machenschaften, jedoch sind Sie uns durch Ihren bemerkenswerten Einfallsreichtum, Ihre kreative Energie auffällig geworden."

Ich brachte noch immer keinen Ton heraus.

Ein Kleinwüchsiger mit Jobcenterbinde betrat den Raum, servierte Getränke und reichte uns kleine Häppchen.

Nachdem er den Raum wieder verlassen hatte, fuhr mein Gegenüber fort.

„Es ist sehr schwierig, unsere Firmenphilosophie mit ein paar Sätzen zu erläutern. Viele unserer Mitarbeiter haben bis heute nicht begriffen, was ihre eigene Arbeit umfasst!"

Gelächter ertönte.

„Unsere Organisation besteht seit langer Zeit und ist der Regierung überstellt.

Früher, als an Computer noch nicht zu denken war, konnten wir uns erlauben, mit einfachsten Mitteln zu agieren. Kleine zwischengeschobene Einzelbilder in Kinofilmen und für heimische Fernsehgeräte …"

Seine Augen bekamen plötzlich ein Leuchten und er verstummte für einen Moment. Er fasste sich schnell wieder, wischte etwas Speichel aus dem Mundwinkel und fuhr fort.

„Wissen Sie, es war so einfach, den Menschen gewisse Bedürfnisse zu suggerieren. Ein paar einzelne Bilder zum Beispiel, eingebettet in Doktor Schiwago, genügten, dem Unterbewusstsein das Verlangen nach Reisen, Autos oder Familie zu vermitteln. Und sehen Sie: Wir hatten Erfolg! Die Wirtschaft florierte! Mit Aufkommen des Videorekorders und der Pausenfunktion war damit natürlich Schluss. Wenn Sie wissen, was ich meine."

Ich machte ein schlaues Gesicht und nickte.

„Wir waren es, die den Gewerkschaften letztlich echte Macht gaben! Macht, die wir ihnen durch überzogene Forderungen für Arbeitnehmer wieder entziehen mussten."

Was erzählte der da?

Gott sei Dank, der 50 Cent-Jobber betrat erneut den Raum, ging zu meinem schluchzenden Gegenüber, überreichte ihm ein Taschentuch und flüsterte ihm etwas ins Ohr. Dieser überlegte einen Augenblick, nickte dann kaum merklich. Der kleine Kerl ging daraufhin wieder hinaus und eine weitere Handvoll Leute betrat den Raum.

Mein Gott, mein Kanzler war darunter!

Meine Kanzler! Kanzlerinnen! Fünf Kanzler Klone?

„Einen Moment!" meinte mein Erklärer zu ihnen gewandt und zeigte auf einige Haken an der Wand.

Die Klone, die aussahen wie unsere letzten Bundeskanzler, begannen unvermittelt an ihren Gesichtern zu zerren. Gesichter, die nur gut gemachte Masken waren und nun an den Wandhaken befestigt wurden.

Mir wurde einiges klar.

Es war so offensichtlich, dass man hätte von allein darauf kommen können.

Unsere vermeintlichen Kanzler waren ausgewählte, austauschbare Schauspieler mit einprogrammierter Meinung, denen man nach allen Regeln der Kunst exquisite Masken verpasste und sie damit der Öffentlichkeit als Personen präsentierte, die es vielleicht gar nicht gab. Jetzt wurde mir bewusst, dass mir schon immer aufgefallen war, dass alle Politiker immer das Gleiche erzählten. Der Zusammenhang war so einfach …

„Meine Idee!", unterbrach mein Gegenüber meine Gedanken, „Die Echten wurden zu eigenständig!
Aber entschuldigen Sie", fuhr er fort, „unsere Zeit ist knapp bemessen.
Sehen Sie, Ihre erste Aufgabe, Ihre Zusammenarbeit vorausgesetzt, wäre der Vertrieb dieses unseres neuen Produktes."
Sagte es und reichte mir ein Beispielobjekt seiner Begierde.

Irgendwann muss man sich entscheiden! Wir rennen von einem Discount in den anderen, auf der Jagd nach dem preiswertesten Stück Butter, nach herrlichen Bananen zum Schleuderpreis, oder neuester Technik für kleinstes Geld.
Wir geben sinnfrei etliche Euros für einen Kaffee aus und raubkopieren lieber ein Buch oder Musik, anstatt ein wenig Geld für solche Kreativität auszugeben, erleichtern mit einer Spende zu Weihnachten unser Gewissen und halten uns dabei für ganz toll.
Gehen nur noch demonstrieren – wenn überhaupt – könnte es unter Umständen ans eigene Eingemachte gehen.
Alle haben wir die Relationen verloren, zu dem, was Menschen verdienen und dafür leisten müssen.
Wir sehen die sich immer weiter öffnende Schere der Zweiklassengesellschaft und laufen offenen Auges in einen vorhersehbaren Untergang der Gesellschaft, wie wir sie kennen.
Man kann abwarten und hoffen, dass sich Dinge ändern, darauf hoffen, dass die, die das

Sagen haben, irgendwann einmal nicht nur austauschbare Gesichter ohne eigenes Profil sind.
Oder man greift zu, wenn sich die Gelegenheit bietet und man nicht am Ende der Nahrungskette verweilen mag, um irgendwann verarmt in die Grube fahren zu müssen.

Man reichte mir ein weißes T-Shirt und einen Pullover.
Auf der Kleidung waren an relevanten Stellen Organe aufgemalt und mit blinkenden Preisen versehen.
„Die Zahlen geben nur den derzeitigen Marktwert wieder!", meinte er.
„Wir müssen den Menschen solcherart Möglichkeiten und Ideen bieten, neue Einkommensquellen zu erschließen!", sprach er weiter.
„Allein Ihr ehemaliger Arbeitsplatz bietet nun sechs 50 Cent-Jobbern Gelegenheit, sich aus eigener Kraft aus ihrer Misere zu befreien!"
Ich klopfte mir gedanklich auf die Schulter.
„Sind Sie bereit für Ihre erste Aufgabe?"
Ich verstand noch nicht richtig und überlegte kurz, dann nickten wir uns gegenseitig an.
Abschließend sagte er, dass ich noch weitere Informationen bekäme. Dann wandte er sich den Kanzlerklonen / Schauspielkanzlern zu.
Ich wurde hinausbegleitet und erhielt kurze Instruktionen. Zunächst sollte ich mich um den Vertrieb der Kleidung kümmern, anschließend Pläne ausarbeiten, neue Vertriebsmöglichkeiten aufzutun. Dann begleitete man mich zum Ausgang.

Ich blickte auf einen auf dem Gehweg Schlafenden, etwa 15 Meter entfernt und stellte mir vor, er würde eines meiner T-Shirts tragen.

Und ich begriff. Das Geld lag tatsächlich auf der Straße!

Alle würden profitieren! Die Bedürftigen bekämen einen Wucherkredit von mir, würden mir die Kleidung abkaufen und hätten somit sofort ihr komplettes Arbeitsmaterial!

Wer braucht schon zwei Nieren, wenn er durch den Verkauf einer Niere lange Zeit gut leben kann...

Lief erst einmal dieses Geschäft, durfte ich weitere, eigene Ideen vorbringen.

In meinem Kopf begann es fieberhaft zu arbeiten ...

Tramping

Meinen einzigen Tramp-Urlaub hatte ich mit ungefähr 17 Jahren.
Zu dieser Zeit gab es noch keine „leichte" Camping-Ausrüstung und wir mussten arg schleppen.
Natürlich hatten wir uns auch nicht besonders abgesprochen, so, dass wir einiges doppelt dabei hatten. Bis aufs Geld, was an allen Ecken und Kanten fehlte.
Das, was wir hatten, war eine Verabredung in Spanien (in welchem Ort weiß ich leider nicht mehr). Ein paar unserer Freunde waren dorthin geflogen, hatten eine Pauschalreise gebucht. Andere Freunde wollten mit der Bahn dorthin.

Von Berlin aus wurden mein Freund und ich von einem Bekannten bis ca. Freiburg mitgenommen. Dort übernachteten wir und wurden am nächsten Tag dann an einer Zufahrtsstraße Richtung Autobahn Frankreich / Spanien abgesetzt.
Noch waren wir frohen Mutes, trotz des Wartens in der prallen Sonne. Und ehrlich gesagt mussten wir nicht lange warten. Das erste Auto, was hielt, war eine Ente - Citroen 2CV4 soweit ich noch weiß - mit geöffnetem Rolldach.
Ein junges Pärchen saß darin und fragte uns, ob wir bis an Frankreichs Steilküste mitkommen wollten.
Den genauen Ort weiß ich leider auch nicht mehr.
Woran ich mich jedoch wie heute erinnern

kann, war diese klasse Fahrt! Die heiße Sonne und den Fahrtwind im Gesicht, die wunderschöne Landschaft und unsere beiden Fahrer, mit denen wir wirklich unheimliches Glück gehabt hatten.
Die auch nicht sauer wurden, als meinem Freund ab und an durch den Fahrtwind die brennende Zigarette runterfiel …
Es wurde dunkel, aber nicht langweilig, weil uns unter anderem die farblich unterschiedlichen Fahrbahnmarkierungen genauso faszinierten, wie natürlich unser ganzes Tramp-Abenteuer.
Irgendwann erreichten wir müde diese Steilküste, wo sich unsere Fahrer auch mit Freunden verabredet hatten.
Wir waren die letzten, die ankamen.
Das Lagerfeuer brannte, Musik spielte. So blieben wir noch eine Zeitlang wach, warfen unsere Schlafsäcke in den warmen Sand direkt am Meer, hörten auf das Meeresrauschen und blickten lange in den glasklaren Himmel mit scheinbar Millionen von Sternen.

Am nächsten Morgen brachte uns das Pärchen mit ihrem Auto noch ein Stück weiter und setzte uns dann ab.
Diesmal dauerte es etwas länger, bis der nächste Wagen hielt.
Aber es hielt einer. Ein Italiener saß darin, der weder Deutsch oder Französisch sprach, und nur sehr schlecht Englisch, mit einem Auto, an das mir wieder jede Erinnerung fehlt.
Hauptmerkmal des Autos war die Cannabis-Wolke, die im Innenraum hing und der ständig

qualmende Fahrer.
Selbst als Cannabis-Nicht-Mitraucher
umnebelte es einen irgendwann.
Irgendwie machte er uns klar, dass er nach
Spanien wollte und uns kurz hinter der Grenze
absetzen würde.

Wir kamen nicht gut voran, mussten
übernachten. Mein Freund und ich schliefen auf
dem Boden einer Tankstelle, wo uns nachts
ständig irgendwelches Getier vor der Nase
rumkrauchte.
Der Italiener selbst meinte, er müsse noch
etwas erledigen.
„I took the patrol from other cars!", meinte er
nur grinsend und verschwand.

Am nächsten Morgen war er aber wieder zur
Stelle und holte uns ab.
Wir überfuhren die spanische Grenze und als
die Nacht hereingebrochen war, setzte er uns
an einem Strand ab.
Ich hoffte auf ähnliche Gefühle, wie bei unserer
letzten Strandübernachtung.
Leider war es komplett finster, so, dass wir uns
nur am Geräusch der Meereswellen orientieren
konnten und uns so einen Schlafplatz suchen
mussten.
Hauptsache Strand, denn wir waren so müde
von der Fahrt und dem stickigen Auto, wir
hätten sofort ins Koma fallen können.
Schlafsäcke ausgepackt, rein mit uns, schlafen.

Der nächste Morgen graute.
Mir graute.
Geweckt wurde ich von einem wilden Hund.
Einer von mehreren, die sich um uns
herumtrieben. Da kann einem schon mal das
Herz in den Schlafsack rutschen …
Gott sei Dank ließen sich die Hunde schnell
vertreiben.
Derart spontan wach geworden registrierten
wir anschließend auch sofort, dass wir in einer
Müllkippe lagen.
Widerlich.
Aber wahrscheinlich stanken wir selbst sowieso
schon arg genug.

Keine Ahnung mehr, wie wir es zu unserem
Treffpunkt schafften, aber irgendwie gelang es
uns. Auch, wenn wir wieder mal die letzten
waren, die ankamen.

Der Urlaub ging natürlich viel zu schnell
vorbei und es hieß wieder Abschied nehmen.
Da unsere Hinfahrt nur insgesamt drei Tage
gedauert hatte, hofften wir natürlich auch jetzt,
schnell zurück nach Hause zu kommen.
Es wurde jedoch ziemlich übel.
Kann mich - mal wieder - auch nicht dran
erinnern, ob uns in Spanien oder Frankreich
überhaupt jemand mitgenommen hat, musste
aber so sein, da wir ja Stück für Stück
vorangekommen waren.
So standen wir also bald frustriert in der heißen
Sonne an der Straße, bzw. liefen in eine
Richtung, von der wir dachten, sie brächte uns
zumindest etwas näher Richtung Heimat.

Wir beschlossen, unsere Geldreste für eine kurze Zugfahrt auszugeben.
Großartig weit waren wir damit auch nicht gekommen.
Es folgte wie so oft in dieser Zeit das übliche Prozedere: Viele Gauloises rauchen, Wasser trinken, Äpfel klauen.
Abends bauten wir eines der schweren Zelte auf, holten den schweren Kassettenrecorder (Musikabspielgerät) heraus und hörten „schwere" Musik.
Meist Led Zeppelin: No Quarter oder Stairway to heaven live.
Dabei vergisst man ja alles …
Irgendwie und irgendwann sind wir dann in der Schweiz gelandet. Geld war alle.
Wenigstens waren wir in Genf, einer wunderschönen Stadt am Genfer See. Wobei ich natürlich anführen muss, dass ich bis dato noch nie in der Schweiz gewesen war.
Diesmal übernachteten wir mit unseren Schlafsäcken auf einer Parkbank, direkt am Genfer See.

Als wir wach wurden, standen ein paar Schweizer um uns herum. Sie schauten ganz mitleidig und fragten, ob es uns gut ginge.
Wir waren total hungrig, müde, dreckig, sonst ging es uns aber ganz ok.
Eine der Schweizer arbeitete in der Bahnhofsmission, wie sie erzählte. Sie fragte, ob wir kurz in die Mission mitkommen wollen.
Warum wir uns dafür entschieden mitzugehen, entzieht sich mal wieder meinem Gedächtnis.
Als wir dort angekommen waren fragte sie, ob

sie uns Geld leihen solle, worauf wir total überrascht waren. Wir sollten es ihr zurückgeben, wenn wir es könnten, meinte sie. Wir haben ihr Angebot angenommen und uns tierisch über das Vertrauen gefreut.

Sie nannte uns dann noch einige Restaurants, in denen wir preiswert essen könnten. Das ist unter anderem etwas, was in der Schweiz ziemlich schwierig ist, wenn man nicht gerade Schweizer Gehalt kassiert, derart teuer ist es für einen Nicht-Schweizer.

Wir hielten uns an einen ihrer Tipps und konnten tatsächlich nach langer Zeit endlich wieder etwas Vernünftiges essen. Für nicht allzu viel Geld.

Außerdem rangen wir uns dazu durch, mit unseren Eltern zu telefonieren und von unserer Lage zu berichten.

Sie würden uns Geld anweisen, meinten sie, was jedoch einige Zeit dauern würde.

Jedenfalls waren sie nicht sauer …

Erst zum Anbruch der Nacht suchten wir uns wieder einen Schlafplatz.

In der Nähe eines Hotels fanden wir eine größere Wiese, auf der wir unser Zelt aufbauten, Musik hörten und bald einschliefen.

Wir wurden ziemlich früh am Morgen wach und bemerkten, dass das Hotel doch nicht so weit weg war, wie wir im Dunkeln vermutet hatten.

Heute musste das Geld ankommen, also beschlossen wir, das letzte Geld, was wir noch hatten, für einen Kaffee im Hotel auszugeben.

Wenn ich heute ein Foto von unserem
Aussehen an jenem Morgen anschauen würde,
bekäme ich mit Sicherheit noch mehr graue
Haare, als ich sie jetzt schon habe.
Zum Glück - oder leider - habe ich keine Fotos
aus dieser Zeit.
Jedenfalls muss unser Anblick furchtbar
gewesen sein. Bis zum Platzen gefüllte
Rucksäcke, links und rechts über den Schultern
Taschen hängend, vor Schmutz starrende
Klamotten auf müffelnden Körpern.
Aber uns war eigentlich alles egal.
Wir also rein in dieses Hotel, was keinen
preiswerten Eindruck machte, und ab an die
Getränkeausgabe. Mein Freund leistete sich
einen Kaffee, ich mir eine heiße Schokolade.
Dann hinein in den schon gut gefüllten
Frühstücksraum, um uns einen Tisch zu
suchen.
Tausend Augen müssen uns dabei verfolgt
haben …
Und es kam, wie es wohl kommen musste.
Ich bemerkte, wie sich langsam die Tasche auf
meiner rechten Seite von der Schulter löste
und langsam begann, den Arm herunter zu
rutschen. Genau die Seite, auf der sich mein
Kakao befand …
Trotzdem ich es bemerkt hatte, ließ es sich
nicht mehr verhindern; die Tasche löste sich
mit einem Ruck, knallte auf mein Handgelenk
und die Tasse mit dem Kakao flog durch die
Luft auf den Boden.
Die Tasse zerbrach, mein heißer Kakao ergoss
sich über den Boden.
Das war uns nun doch etwas peinlich.

Entgegen unserer Erwartung kam aber sofort
jemand, half uns beim Beseitigen des Unglücks
und stellte mir eine neue Tasse heißen Kakaos
auf einen der Tische.
Die Leute dort waren tatsächlich nicht
verärgert, sondern scheinbar eher mitleidig
amüsiert, was mir in dem Moment die bessere
Alternative schien.
Wir hatten aller Aufmerksamkeit auf uns
gezogen, auch die eines Mannes, der zu uns an
den Tisch kam.
Verwundert schauten wir ihn an, denn er fragte
uns, ob wir trampen würden und nach
Deutschland wollten. Wir bejahten das
natürlich und er bot uns an, uns mitzunehmen.
Was für ein Morgen!!!
Wir verabredeten uns für etwas später,
sprinteten zur Bank, um das Geld abzuholen
und eilten dann wieder zum Hotel, wo der
Mann mit seiner Familie und einem neuen
Mercedes auf uns wartete.
Er fotografierte uns noch zusammen mit seiner
Familie - warum auch immer.
Auf jeden Fall total nett, das er uns diese
Mitfahrt angeboten hatte.
In Deutschland setzte er uns dann ab - wo
genau weiß ich mal wieder nicht mehr. Wir
kauften uns von dem frischen Geld Bahnkarten
und waren bald genauso froh, wie unsere
Familien, wieder zu Hause zu sein.

Löffelglück

Wieder ein Mal trug mich einer meiner täglichen Streifzüge im Auftrag von Forschung und eigenem Lustgewinn durch einen unserer heimischen Supermärkte: Auf der Suche nach dem Außergewöhnlichen.
Und tatsächlich: Dort, inmitten seiner Brüder und Schwestern, stand er, DER Joghurt! Und zog mich sofort in seinen Bann.

„Nur" ein Joghurt, werden Sie sagen, jedoch wunderbar farbenprächtig in einem neuen, ausgefeilten Design, völlig unberührt und unwissend um die um ihn herum tobenden Preiskämpfe und Geschmacksverwirrungen.
Allein schon des Produktes Name: *Löffelglück* mag Ihnen bei der Findung in einem Markt Ihres Vertrauens genügen.
Kurz mag ich Ihnen die wunderbare Hülle dieses Augenfreundes in Worten wiedergeben:

Die Löffelglück–Joghurts befinden sich in einem runden Glas, ähnlich einem herkömmlichen Honigglas mit abgeflachtem Boden, umgeben von festeren Pappschichten mit bunten Aufdrucken.
Angeordnet in Form einer Blume mit sieben Blütenblättern.
Jedes Blütenblatt symbolisiert die jeweilige Geschmacksrichtung des Inhalts eines Glases.
Dies vermittelt dem Interessierten sofort die Naturverbundenheit des Herstellers zu seinem „Kind".
Das „Herz" der Blume ist, genau wie je eine

ihrer Blüten, in einem Elfenbeinton gehalten.
Auf der Blüte stehen Herstellerangaben, im
Herzen selbst prangt der Löffelglück–
Schriftzug.
Alles in einem sehr schönen Rotton.
Die jeweilige „Blüte" ist innen im Glas befestigt
(wie ein Aufdruck uns frohgemut verkündet).
Ich entscheide mich, sechs Löffelglück–
Joghurts verschiedenen Inhalts zu erwerben
und mich daran später gütlich zu halten.
Zu Hause angekommen entscheide ich mich,
dem Kinderecken-Löffelglück-Joghurt meine
erstverzehrende Aufmerksamkeit zu widmen.

   Das Sinnbild eines zahnbelückten
Kindergesichts springt mir ins Auge. Darunter
entziffere ich mit einer herbeigerufenen Lupe:
Erlebe Spannung, Abenteuer und Wissen!
Da bin ich jetzt wirklich gespannt, was mich
erwartet!
Ich rücke den Joghurtbecher auf dem Tisch vor
mir zurecht und ein kleines, glückliches
Erwartungslächeln huscht über mein Antlitz.
Mit der linken Hand den Becher haltend, mit
der anderen den Deckel greifend, wage ich
mich an diesen Selbstversuch.
Erstaunlich leicht lässt sich er sich entfernen!
Das erste, was man sieht, ist eine blaue
Flüssigkeit (Damen – aufgemerkt!) die den 425
ml fassenden Behälter füllt.
Eine der berüchtigten „Knickecken" ist an der
inneren Glasöffnung befestigt.
Nun bin ich auf den ersten Geschmack
gespannt!

Meine Hand zittert etwas, als ich sie dem Becher nähere und schließlich die Kuppe meines kleinen Fingers behutsam in das blaue Bad eintauche.

Die Augen schließend führe ich den Finger in den Mund, umschließe ihn mit meinen Lippen und gleite sanft mit meiner Zunge an ihm entlang.

Ein wohliger Schauer durchzieht einen viel zu kurzen Moment meinen Körper.

Kaum wage ich mich, meine Gefühle zu unterdrücken und mich der Knickecke zu widmen.

Ich zwinge meinen umnebelten Geist einige Befehle an meine Hände zu übermitteln, umfasse in aufkommender Hektik die Ecke und klappe sie weg.

Eine weitere Flüssigkeit rinnt in den Hauptbehälter und verteilt sich an der Oberfläche.

Mit dem Löffel beginne ich die Substanzen zu Einen.

Was ich sehe, kann ich nur als unglaublich beschreiben.

In dem Glas fängt es an zu toben und zu brausen!

Dem Meere gleich hat sich der Joghurt gefärbt und schwappt nun mit nimmermüden Wellen an die gläsernen Wände seiner kleinen Welt.

Ganz vorsichtig nehme ich mit dem Löffel einen Teil des Gemisches auf.

Fast akrobatisch sind meine Bemühungen, dem Wellengang Herr zu werden und nach dem Meeresteil auf dem Löffel zu schnappen. Im Mund angekommen benetzt und erfreut er durch seine Bewegungen sofort meinen Gaumen.

In meinem Kopf fühle ich Frische, so wie es kühlender Wind an einem heißen Sommertag vermag.

War mein kleiner Fingertest bereits sehr vorfreudig - den Geschmack dieses Joghurts zu beschreiben jedoch, scheint mir ein fast aussichtsloses Unterfangen.

Das Gefühl von Frische hat sich verstärkt, nur dass sich nun noch sein Geschmack dazugesellt.

Eine ganz dezente Süße, mit einem Hauch Alge, ohne dabei fischig zu wirken.

Irgendwann hat sich mein Mund geleert. Ich schaue auf den Becher und wie es der Zufall will, fällt in diesem Moment Sonnenlicht durch das Küchenfenster und bricht sich auf den Joghurtwellen.

Große Freude bricht in mir aus; fast den kompletten Becher darf ich noch leeren …

Sah ich dort aus den Wellenbergen gerade einen Fisch aufsteigen …?

Engelei

Wie bitte, du bist ein Engel? Eine Engelin? Das glaub ich dir nicht.

Wieso denn nicht? Ist doch egal, oder! Ist ja nix Schlimmes.

Was heißt Schlimmes ... Engel, Engelinnen gibt es nicht.

Aber ich steh ja hier und bin einer. Also eine.

Hmmm... und was willst du hier unten?

Ich kucke mich nur so um.

Darf ich mal deine Flügel anfassen?

Klar.

Die sind ja wirklich echt!

Sag ich ja.

Scharf siehst du ja schon aus ...

Wie? Ich seh scharf aus?

Na nur mit diesem dünnen Nachthemd an und den Flügeln dahinten ...

Oh! Danke! Die sind aber immer hinten …

Mit dir würd ich gern mal schlafen.

Äh? Was?

Na Sex haben.

Engel sollen sowas nicht machen.

Und wieso nicht?

Weiß nicht. Sollen wir halt einfach nicht.

Verboten, oder wie?

Nee, glaub nich.

Du hattest wohl noch nie Sex?

Nee.

Ist aber schön!

Hmm... weiß nicht.

Vielleicht ists auch gar nicht verboten.

Hmm...

Darf ich mal deine Brüste anfassen.

Von mir aus.
Vielleicht ist das ja der Grund, warum du bei mir bist.
Warum?
Fässt sich gut an!
Warum?
Weil ich grad Lust hab.
Nein, ich meine die Brüste.
Ich meine, die fühlen sich toll an!
Hmm...
Überlegs dir noch mal!
Neugierig bin ich ja schon ...
Siehste! Sex macht Spaß - echt!
Und was muss ich da machen?
Erst mal das Hemd ausziehen.
Ist mir aber zu kalt ...
Mit Hemd is doof!
Warum?
Man muss sich dabei anfassen.
Wie anfassen?
Na die Haut.
Warum?
Oh Mann. Was macht ihr denn den ganzen Tag da oben?
Nichts Besonderes. Nur so kucken.
Ich zeig dir das einfach mal, ok!
Na gut.
Ist ja doof, mit dem Hemd und den Flügeln ...
Na ja ...
Warum sollt ihr denn nicht?
Was?
Sex haben.
Soll so lange bei uns dauern.
Wie, lange dauern?
Ein paar Stunden ...

Aber mit Pausen?!
Äh ... nö! Hinternander.
Und wenns bei mir nich so lang geht?
Mir egal ... wir sollen dann nicht aufhören können.
Keine kleine Pause?
Nö, warum denn?
Ach na ja - hast sicher Recht. Is bestimmt doch verboten.
Meinste?
Ja. Nachher kriegste noch Ärger.
Wenn du meinst.
Ich geh dann mal wieder.
Ok. Ich kuck hier unten nochn bisschen.

Aufreger

Die Aufreger-Texte entstanden 2014/2015 auf einem Blog, den ich nur weiterempfehlen kann.
Ihr findet ihn unter folgender Adresse: http://www.deraufreger.de/
Meine aufregenden Worte daraus hab ich für dieses Buch alle überarbeitet.

Eingeleitet durch *Aufregend erregend*, in dem kleine Beispiele täglicher Ärgernisse beflucht werden.
Weiter geht es dann mit: *Der Wert der Arbeit*. Vielleicht spricht der Titel schon für sich. Er beschreibt mit wenigen Gedanken eine Welt, in der man sich seinen Kaffee nur kauft, weil man ihn nicht für sich kopieren kann ...
Ich hoffe, dieses Buch und die Arbeit, die darin steckt, waren die paar Euros wert, die nicht einmal 2 Schachteln Zigaretten oder Ähnlichem entsprechen (DAS war jetzt ein Aufreger nicht nur übers Rauchen!).
Berlin, Sex and Drugs & Rockn Roll behandelt meinen Weg von der Arbeit nach Hause und meinem Radfahrer-Trauma.
Und wenn wir schon dabei sind: *Grüne Triebe* denkt drüber nach, ob Radfahrer wirklich die Natur lieben.
Neuwörters regt sich über die auf, die nicht nur Leichen mit Laichen verwechseln, oder es zumindest nicht zu schreiben in der Lage sind. Auch ich mache zu viele Schreibfehler, aber ich weiß es immerhin.

Die *Mobile Sex-App* behandelt unser aller Ärgernis: Akkulaufzeit!
In dem Text *Vorsätze* geht es weitestgehend um Wünsche (und pralle Brüste).
Der letzte Text in dieser Rubrik heißt *Sex and Crime in Tempelhof*. Darin wird die Volksabstimmung zur Nutzung der Tempelhofer Freiheit gedanklich verarbeitet.

An dieser Stelle möchte ich mich für Textüberschneidungen entschuldigen. Im letzten Text wiederholt sich die kurze Passage eines anderen Textes.
Ich hab es nicht gelöscht, weil sich auch ein weiteres Lesen lohnt! ;-)
Kleinere Überschneidungen kommen auch an anderen Stellen vor: Ich bitte um Nachsicht!

So, nun wünsche ich viel Spaß beim Ärgern! Und immer daran denken:
Verzichtet auf Plasiktüten!!!

Aufregend erregend

Die Schrecknisse des Alltags sind vielfältig und versuchen sich in ihrer Grausamkeit stets zu überbieten.

Eine Konfrontation mit diesen *Flüchen des Lebens* beginnt schon morgens beim ersten Blick in den Spiegel: Das Haupthaar wird von Tag zu Tag lichter, während der Wildwuchs aus Nase und Ohren nur so herauszubrechen scheint.

Und jedes Mal steht man vor der Entscheidung, entweder schleunigst Kamm und Schere einzusetzen, um dem Chaos Einhalt zu gebieten, oder auf kurz und bald den einsamen Weg des Yeti zu beschreiten.

Doch nein, eigentlich beginnt es ja noch etwas früher, als erst vor diesem Spiegel der Wahrheit!

Schon beim Erwachen sind die einst so willkommenen körperlichen Aufbäumungen nur noch ein Zeichen dafür, dass die Uhr tickt und bereits hinter der nächsten Ecke ein Urologe mit geöffneter Geldbörse lauert.

Was einem jüngst noch ein Frohlocken ins Gesicht zauberte, erliegt nun bald dem Zerfall ewiger Jagdgründe.

Gilt natürlich generell nur für eine Handvoll Männer ...

Hat man mir zugetragen!

Und gegenüber Frauen sollte man das Wort „Blasenschwäche" auch besser nicht in den Mund nehmen – sie könnten es in den falschen Hals bekommen ...

Als wenn es nicht schon genug ist, von derlei Heimsuchungen geplagt zu werden, von denen sicher jeder in der einen oder anderen Weise ein Lied zu singen vermag, warum auch noch darüber schreiben, bzw. lesen?
Liebe Leserin, lieber Leser: Es ist allein die Mär vom geteilten Leid!
Und natürlich die Vorstellung:
Ich bin nicht allein!
Wahrscheinlich.
Hoffentlich.
Na ja …

Wie verläuft denn so ein typischer Tag - zumindest für mich?

Nach der ersten Freude, immerhin wieder wach geworden zu sein, folgen Morgenrituale und Restaurierungsversuche.
Bei mir schon intensiver, bei anderen unter Umständen noch unbedarft.
Das Gefühl, verschlafen zu haben, drängt mich wie jeden Morgen zur Eile.
Schnell die Umhängetasche mit allem zum Überleben in den nächsten Stunden Notwendigem gepackt: Sorgsam bereits am Vorabend bestrichene Schnittchen, den Kaffee erst in die Thermoskanne, dann in einen Jutebeutel - als Schutz bei jederart Leckerei in der Tragehilfe.
Ich nenne meinen Beutel auch liebevoll „kleiner Kannenkatheter" …
Aber genug mit derlei Bekosungen.
Auf dem Weg zur U-Bahn die obligatorisch, wöchentliche Begegnung mit dem verbitterten

Rentner, der, scheinbar swingend schwingend, mit seinem hölzernen Gehstock bewaffnet, durchaus als hartnäckig liegend zu bezeichnendes Papiergedöns vom Gehweg zu befördern versucht und dabei – seine Gehhilfe zweckentfremdet natürlich nicht unterstützend zur Verfügung stehend – derart wild mit seinem anderen Arm rudert, dass man geneigt ist, sich auf die andere Straßenseite zu retten.
Das war mein langer Quotensatz.
Ich liebe solche Sätze …
Gehe trotzdem auf derselben Seite weiter, ducke mich dabei den Schwingungen ausweichend Meter für Meter voran.
Und in mir gebiert der Gedanke, des nachts die Straße abzuschreiten und kleine Papierfetzen am Boden festzutackern.

Was gibt es nicht alles an so einem Tag zu beobachten und bestaunen!
So viele kleine Dinge, die in Ihrer Summe die Banalität des Alltags bestimmen.
Fängt`s bei Ihnen erst in der U-Bahn an?
Mit „in ihr Handy schreienden Fahrgästen", lautstark mit einem anderen Blödel über den gestrigen Stuhlgang, oder anderen, höchst interessanten Themen diskutierend?
Nur übertönt von lustigen Bahnmusikanten, ihr Mantra vom „heute noch keinen Tropfen bekommen und darum so schlecht bei Stimme" säuselnd, während aus einem auf dem Rücken geschnallten Tornister dusselige Aufzugsmusik aus einem ausgedienten Abspielgerät scheppert?
Oder müffelnde Alkis, die einen sinnentrückt

anstarren, als wäre man Mutter Theresa und auf der Suche nach Erlösung in Form einer personifizierten, wandelnden Säuferleber.

Ganz kleine Beispiele, die sich endlos fortsetzen ließen.
Habe ich die Fernseh-Morgensendungen vergessen? In denen ein quer in die Kauluke eingeschobener Bügel für die Moderatoren Einstellungsbedingung ist, damit sie später während der Sendung locker einen Maulspreizer verwenden und dadurch immerzu beim Reden in die Kamera grinsen können, bis sie den Saft nicht mehr zu halten in der Lage sind und er sich zähflüssig einen Weg vom Mund zum Schuhwerk bahnen kann?
Das war mein langer FAST Abschiedsquotensatz ...

Ach, sie hören morgens lieber Radio und erfreuen sich beliebter Werbespots, die durchaus dafür geeignet sind, den Kreislauf auf Touren zu bringen und ein Wiedersehen mit dem gerade verspeisten Frühstück versprechen?
Unendlich viele Dinge, über die man sich aufregen kann.
Von fehlenden Abtreffsteinen im Urinal, bis zu Konzerte besuchenden Schwachmaten, deren einziges Ziel es ist, möglichst viel Bier für die anstehende Darmspülung in sich rein zu schütten und dabei ununterbrochen laut zu quatschen und „echte" Konzertbesucher durch endlose Gänge zwischen Klo und Bierausgabestelle zur Weißglut zu bringen.

„Schaut her", scheinen sie zu denken, während sie lullend und lallend durch Trockeneisnebel und wabernden Gitarrensound wanken und die wummernden Bässe ihnen die Reste des Bregens durch die Ohren pusten, als wären sie das letzte lebende Boxenluder.

Nicht zu vergessen die Supermarktkassen, an denen man nach dem Bezahlen wie sinnentleert steht, die Geldbörse fest zwischen den Zähnen gesichert, während man versucht, die gerade bezahlten Waren schnellstmöglich in sein Wägelchen zu befördern, da diese bereits durch die Kassiererin vom nachfolgenden Einkauf gejagt werden und damit verdeutlichen: Der Scheiß ist bezahlt – ist jetzt dein Problem!

Also jetzt folgen ein paar Texte, in denen ich mich aufrege.

Ehe ich Sie in diese „aufregenden Texte" entlasse, noch zwei kurze Anmerkungen.

Klar ärgern mich viele Dinge. Und genau darum geht es in den Texten.

Solche kleinen „Ärgernisse" muss man aber erst mal „richtig" wahrnehmen können, und das bedeutet schon, mit offenen Augen durch den Tag zu gehen und sich dabei nicht nur den Bosheiten zu widmen, sondern auch den vielen „Ereignissen", die lustig, schön, anregend, … sind.

Über die Sie hier nicht viel finden werden.

In diesen Texten geht es halt um „Aufreger".

Und eine Sache darf man bei all dem Geschimpfe nicht vergessen: Ohne diese vielen Aufreger, die sich oft auf Berlin beziehen, wäre

die Stadt nicht das, was sie ist und was sie ausmacht.
Ohne das alles wären wir keine Stadt, in der man gerne lebt, sondern austauschbar, wie so viele andere Städte.

In diesem Sinn wünsche ich viel Spaß beim Lesen und entlasse Sie nun in meine Schimpftiraden.

Der Wert der Arbeit

Einige werden sich vielleicht erinnern …
2015 war`s: Streiks ohne Ende.
Aber vielleicht dauern sie im Moment dieses
Lesens ja immer noch an.
Oder wiederholen sich aktuell.

Im Zuge dieser letzten Streiks (Deutsche
Bahn, Erzieherinnen und Erzieher, die Bahn,
Geldboten, Bahn, Piloten, DB, Deutsche Post
AG, Bahn AG, …) fielen immer wieder die Worte
„vom Wert der Arbeit". Eine der
Rechtfertigungen für Forderungen nach mehr
Gehalt, bzw. anderen Vergünstigungen, die ich
jetzt außen vor lasse.
Und dabei handelt es sich um eine endlose
Diskussion, denn es geht ja auch um einen
„zeitlosen Wert" …

Bei diesen 2015er-Streiks kursierten
Geldbeträge – um dies kurz als Beispiel
anzuführen - die voneinander stark abwichen.
Ich selbst hörte bei den Erziehern einen Betrag
in Höhe von 3800 Euro Einstiegsgehalt im
Schnitt, welches im Verhältnis zu einigen
anderen Berufsgruppen viel zu gering sei.
Ob der Betrag jetzt korrekt ist, oder innerhalb
der eigenen Berufsgruppe, sei jetzt
dahingestellt, denn schließlich geht es um die
Erziehung unserer Kinder
Und der Beitrag, den die Erzieher dabei leisten,
ist von uns nicht hoch genug zu bewerten.
Kinderlose vielleicht ausgenommen.

Grundsätzlich ist es eine gute Idee, Berufe, Jobs und allgemeines Arbeiten nach ihrer Wertigkeit zu bezahlen, denn der Maßstab des Wertes von Arbeit darf natürlich nicht nur auf einige ausgewählte Berufsgruppen begrenzt bleiben.

Kinder und die damit verbundene Erziehung sollten unser höchstes Gut sein und die Bezahlung an der Spitze der Einkommen auch dementsprechend ausfallen.

Oder sollten vielleicht die Feuerwehrleute an diese Spitze? Die haben ja unter Umständen eine 7-Tage-Woche zu bewältigen, müssen rund um die Uhr einsatzbereit sein und retten ja auch - Kinder und Lehrer.

Und unsere Bundeswehr? Im Ernstfall, der hoffentlich niemals eintreten wird, schützen unsere wehrhaften Soldaten ja uns alle.

Wie eine Art Kondom, was man laufend mit sich rumschleppt und letztlich doch nicht braucht.

Vielleicht könnte man diese „Berufsgruppe" auch ganz abschaffen und die Gelder anders einsetzen, denn Krieg braucht echt keiner. Wobei in letzter Zeit allerdings auch niemand dagegen gestreikt hat.

Und überhaupt, wir werden alle immer älter und gerade die Rentner verschlingen Unsummen für Arztbesuche, Pflege, Schmierstoffe, Ersatzteile …

Pflegekräfte. Brauchen wir die überhaupt? Sollten wir nicht einfach der Natur ihren Lauf lassen?

Jetzt raufen Sie sich mal nicht erbost die Haare!!! Schließlich ist die „Wertstellung" von Pflegekräften bereits heute, gemessen an der Bezahlung, extrem gering. Und die einzigen Menschen, die sich darüber aufregen, sind die Pflegekräfte. Und die Betroffenen natürlich. Aber damit hat es sich auch schon.

Woran das wohl liegt? Könnten doch einfach mal in einer Rollator-Kolonne streiken, die Rentner!

Scheinbar ist es nicht nur der Wert der Arbeit, der honoriert wird.

Eher ist es doch so, dass ein Streik nur erfolgreich sein kann, wenn man damit genug Leuten auf die Füße tritt, die abhängig von solcherart Meinungen sind.

Es ist schwierig, den Wert von Arbeit geldlich einzuordnen und ich muss zugeben, dass ich es nicht kann.

Wie und wo ordnet man denn zum Beispiel die Mindestlöhner ein?

Dass diese Menschen so gut wie keine Möglichkeiten haben, ihre Interessen durch Streiks durchzusetzen, ist offensichtlich und brauche ich an dieser Stelle auch nicht weiter zu erläutern.

Mindestlohn! Im Moment noch ganz frisch und nur mit viel Widerspruch erkämpft. Meist für Arbeiten, die man nicht unbedingt als erstrebenswert erachtet.

Sozusagen das Ende der Nahrungskette.

Sollten nicht eher diese „undankbaren" Arbeiten besser bezahlt werden?

Wahrscheinlich nicht, denn das bisschen, was
diese Leute haben, müssen sie ausgeben,
weil`s zu wenig zum Sparen ist.
Und Ausgeben heißt Umsatz - für andere.
Und ehrlich gesagt wollen Sie doch gar nicht,
dass diese Arbeiter besser bezahlt werden,
oder? Sie müssten ja dann reale Preise für
Waren zahlen und könnten nicht mehr
Schnäppchen hinterher geifern. Je weniger eine
Firma an Löhnen zahlen muss, desto tiefer
können die Preise für die Produkte angelegt
werden.
Der Mindestlöhner soll Riester sparen und weiß
oft nicht, dass man es ihm später von der
Sozialhilfe abziehen wird.
Und das nicht, weil er dumm ist, sondern weil
ihn die Verantwortlichen mit ausstehenden
Regelungen im Regen stehen lässt.
Urlaubs- oder Weihnachtsgeld, wie in vielen
Branchen noch Immer üblich?
Fehlanzeige.
Stattdessen zahlt er für sein Girokonto, weil
der monatliche Geldeingang zu gering ist.
Dafür hat er zumindest meist Schichtdienst und
keine Gleitzeit. Nachlässe zum Beispiel bei
Kraftfahrzeugversicherungen gibt's natürlich
auch nicht.

Na ja, wie erwähnt: ich weiß es nicht.
Was ich weiß - und mitbekomme - ist, dass
viele die Relationen zur Arbeit gegenüber dem
Einkommen verloren haben und sich die
Gehaltsschere immer weiter öffnet.
Darum ist es egal, ob sich dieser Artikel
hauptsächlich auf 2015 bezieht, denn dieses

Öffnen vollzieht sich schon seit einiger Zeit. Vielleicht erläutern uns ja mal die, die für „ihren Wert der Arbeit" streiken, wie sie den Wert der Arbeit anderer einstufen würden.

„Die sollen einfach für sich selbst streiken!", wird man erwidern.

So wie ein Rentner, der sein Leben lang gearbeitet hat und am Ende beim Sozialamt betteln muss.

Nicht missverstehen: Ich habe für Streiks Verständnis, sofern es sich nicht langfristig für andere negativ auswirkt.

Und es wirkt sich aus …

Berlin, Sex and Drugs & Rockn Roll

Kurz nach 22:00 - endlich Feierabend.
Auf zur U-Bahn, die ja um diese Zeit immerhin
noch alle 10 Minuten fährt.
Dem Andrang der Touristen, Nachtarbeiter und
„Berlin-bedeutet-24-Stunden-Party-feiern"-
Mitmenschen sei Dank, dass noch genug
Fahrbetrieb ist.
Mein Spätfeierabendzurbahnweg ist leider sehr
dunkel und als ich fast von zwei Radfahrern
erlegt werde, steigt mein Wutpegel von Null in
nicht unerhebliche Regionen.
Unbeleuchtete Drahtesel mit in schwarz
gewandeten Reitern.
Ohne den erkennbar geringsten Ansatzversuch
jener selbsternannten, verspäteten Cowboys,
mir auszuweichen.
Einer der Momente, in denen mir ständig
verschiedene Dinge einfallen, die mich ärgern.

Bin ja mal gespannt, ob es für diesen oder
irgendeinen anderen Beitrag in diesem Buch
Resonanz gibt?
Oder ist es allein das verlockende Wort *Sex* in
der Überschrift, sich solch einem Text
hinzugeben?
Müßig darüber zu sinnieren, denn ich bin jetzt
am Bahnhof angekommen und versuche die
zombieesken Inventarwesen in der
„Bahnhofsvorhalle" schnell hinter mir zu lassen.
Die meisten darunter offensichtlich mit einer
dauerhafteren Alkoholaffinität, die man nicht
nur deren zerfurchten, gezeichneten Gesichtern

ansehen kann.

Einige auf ihren Jacken sitzend, über den Sinn von Alkohol im Tetra-Pack grübelnd und warum das eigene das schwerste aller Leben ist.

Andere benutzte Fahrscheine an den Mann zu bringen versuchend.

Ich erklimme die Stufen zum Bahnsteig.

Schlesisches Tor.

Gruselig.

Nur vom Bahnhof Kottbusser Tor übertroffen.

Die sich unter anderem beide nicht, wie die meisten Bahnhöfe in Berlin unterirdisch, sondern über der Straße befinden.

Hier ist der Mittelteil des Bahnhofs überdacht. Wahrscheinlich nur für die beliebten Tauben, die dort vereinzelt hocken und ab und an verdaute Speisereste fallen lassen, denn man weiß ziemlich genau, dass der Zug unter der Überdachung nicht vollständig halten wird.

Da kommt er auch schon.

Und tatsächlich: Die Bahn hält erst, als die meisten Waggons bereits außerhalb des überdachten Bereichs sind. Zum Ko...

Und alle Begeisterten rennen vom einen zum anderen Ende, um sich zwischen die bereits schließenden Türen zu quetschen.

Dadurch drängt sich wieder ein Großteil der Fahrgäste in die letzten beiden Wagen. Bitte das Wort „Gäste" in diesem Fall nicht wörtlich nehmen!

Sogleich ruckt die Bahn an und ich finde mich in einem dieser überfüllten Waggons wieder. Es ist knallig heiß und die Leute stehen eng an eng.

Aus zwei „Ecken" des Waggons klirrt laute Musik.

Mein Traum, dass sich in dieser Enge die Hinterbacken einer jungen Dame an mich pressen, bleibt ein Traum.

Es ist nicht nur in den Ecken irre laut.

Viele Berlin Touristen, viele Freizeit-Säufer.

Scheint wohl ein neuer Trend zu sein, halbvolle Bierflaschen mit sich rumzuschleppen und ab und an daran zu nippen.

Einige haben schon etwas mehr, als nur genippt ...

Nervt mich ständig.

Und einige stinken, als wären sie gerade aus der Grube gekrochen.

Hallesches Tor. Mein Umsteigebahnhof. Raus aus der Bahn und schier endlose Gänge zwei Stockwerke hinunter zum nächsten Zug. Dort dann wie so oft der Typ, der an jeder Station aussteigt, kurz in die Mülleimer taucht und nach leeren Pfandflaschen fischt.

Irgendwie überstehe ich auch diesen Heimweg wieder ein Mal und komme endlich an meiner letzten Station an. Nun noch ein paar Minuten, dann bin ich zu Hause. Vielleicht hab ich ja zumindest eine Lösung mitgebracht. Ich werde mein altes Rad aus dem Keller befreien. Die Beleuchtung entfernen, mich wie die anderen Radler mit dunkler Kleidung bewaffnen und den Arbeitsweg fahrradfahrender Weise zurücklegen.

Passanten anvisieren und darauf zusteuern, um sie in die Schranken zu weisen. Werde sie laut anfluchen und dabei meinen Mittelfinger in die Höhe strecken.

Vielleicht rufe ich: "Kauft meine Bücher!" Oder: "Schreibt Kommentare!"
Ich komme wieder!

Grüne Triebe

Da kommt Falk.
Bin gerade in der U-Bahn Richtung Job und
mag mich mal wieder kurz „aufregen". Einfach
so. Und dafür kommt er gerade recht.
Irgendwie hat solch ein Aufregen für mich
genauso etwas „Beruhigendes", wie sporadisch
den immer gleichen Leuten auf dem Arbeitsweg
zu begegnen.
Die alle genauso im Alltag gefangen sind, wie
ich. Und im Augenblick in dieser Bahn.

Falk ist wahrscheinlich nicht sein richtiger
Name. Reimt sich aber auf Hulk.
Bin echt manchmal blöd in der Birne ...
Hab auch keine Lust, wie viele andere auf mein
Handy zu starren und während der Fahrt
sinnlose Spiele zu spielen, meinen Bahn-
Nachbarn anzurufen, oder, wie so viele,
sabbernd nach weiblichen, potentiellen Singles
Ausschau zu halten.
Ist ja viel zu früh ...
Erst mal wach werden.

Ob nun Falk oder Hulk ist auch vollkommen
egal.
Jedenfalls kommt er wieder betont lässig im
Seemannsgang auf den Bahnwaggon
zugewatschelt.
Wahrscheinlich besucht Falk regelmäßig ein
Fitnessstudio – mit 3 „s" – und schleppt eine
künstliche, durchfallartige Bräune aus einem
weiteren Studio mit sich herum.

Hauttontechnisch.

Sein Oberkörper hat sicher einen Umfang von mehreren Metern.

Dadurch muss er seine Arme leider immer etwas vom Körper wegstrecken. Sieht aber optisch vor seinem Spiegel sicher schick aus, wie Arme und Beine so eine Art von „O" nachzubilden versuchen.

Im Waggon angekommen steht er heute neben Reni, die scheinbar immer ziellos und hektisch mit ihren Blicken jeden Winkel in der Bahn absucht.

Sie knabbert dabei immer auf ihren Lippen rum.

Macht mich ganz wuschig.

Sie erinnert mich an sogenannte Ökos.

Wobei ich damit nichts Negatives meine.

Es sind diese Strickpullover, die sie immer trägt. In endlosen Farbvariationen. Und diese Brille. Sehr hornig.

Ist bestimmt noch Restmüsli, was sie stetig von ihren Lippen knabbert.

An ihr regt mich eigentlich nur auf, dass ich mich über sie nicht weiter aufregen kann.

   Man kann künstliche Riffe schaffen, indem man zum Beispiel Schrott im Meer versenkt, um Küsten zu schützen, Korallenriffe zu erzeugen, … was weiß ich.

Soll ja (auch) was Positives haben, seinen Müll derart zu entsorgen …

Und Reni erinnert mich an solche ökologischen Maßnahmen.

Gleich bin ich auf Arbeit und dort „parken"
auf einer Seite des Geländes – entlang, bzw.
inmitten eines Grünstreifens – eine Vielzahl
Fahrräder, angekettet an einen Zaun.
Klar erkennbar ist die Absicht, die dahinter
steckt, da ja ausreichend
Fahrradunterstellplätze auf dem Gelände
vorhanden sind, wo man seinen Esel statt
dessen bequem anbinden könnte und es ja
auch sonst nicht an Gelegenheit mangelt, sein
Vehikel über das Grün dieser Welt wachen zu
lassen.
Aber ich denke, der Gedanke, der mit
Sicherheit dahinter steckt, an genau diesem
Ort derart neuen Lebensraum für Pflanzen
schaffen zu wollen, ist zum Scheitern verurteilt.
Sicher: Stünden die jeweiligen Drahtesel dort
über einen sehr viel längeren Zeitraum, wäre
dem gezielten Pflanzenwuchs entlang des
rostenden Vehikels Vorschub geleistet und es
würde sich bei Zeiten ein prachtvolles
Kunstwerk erheben.
Allein die angedachte Absicht findet mein
Wohlwollen, denn wer wie Reni die Natur liebt,
übt sich nicht in derlei Tatendrang.
Vielleicht ist in vielen Köpfen das Fahrrad allein
als Fortbewegungsmittel verhaftet; für mich ist
es schon eine Art von Symbol, welches darüber
hinaus geht.

Irgendwann wird Hulk meiner knabbernden
Mitfahrerin seine wahren Triebe offenbaren.
Dann werde ich sie bald zusammen in Richtung
U-Bahn watscheln und aneinander knabbern
sehen.

Im Partnerlook-Strick.
Sollte es soweit sein, werde ich sie zu einer
Hofbegehung einladen.
Öko-Reni wird wissen, was zu tun ist und
meinem muskelbepackten, grünen Freund die
notwendigen Schritte ins Ohr flöten, den
kleiner werdenden Grünstreifen wieder
erblühen zu lassen.

Nachtrag:
An diesem Zaun wurden Schilder befestigt, die
das Abstellen von Fahrädern untersagte. Diese
Schilder wurden bald ignoriert.
Bald begannen auf dem Betriebshof
umfangreiche Baumaßnahmen. In diesem Zuge
wurde auch der Grünstreifen weitestgehend
entfernt.
Genauso, wie die Schilder.

Neuwörters

Sicher: *„Schniedel den Wutz"* ist die Verdrehung und Erweiterung von „Schniedelwutz", eines Wortes, welches es eigentlich gar nicht gibt, obwohl jeder weiß, welches kleine Unglück damit gemeint sein könnte.

Doch *„eigentlich"* ist ein beknacktes Wort. Ab und an jedoch sind solche Wortkreationen ja auch ganz amüsant.

Zumal ich mich selbst ja auch hin und wieder darin ergehe, Wörter zu verwenden, die beim Hören oder Lesen erst mal verwirrend sind. Aber scheinbar gewöhnen wir uns an alles.

Auch an Wortschöpfungen, die nicht „ironisch" gemeint sind.

Zum Beispiel an: „Es macht Sinn!", was wohl auf der gleichen Stufe wie „Das tut richtig sein!" steht.

Gehen Sie doch einfach mal in die Küche und versuchen, sich ein Becherchen Sinn zu machen …

Auch über „tote Leichen" verziehen wir kaum noch den Mundwinkel.

Ok, ist nur ein Doppelmoppel.

Oder über den geheimnisvollen Wagenlenker hinter verdunkelten Scheiben, der mit seinem Geländewagen durch die Straßen der Stadt braust, weil er sich hier traut. Fernab jeden Hügels auf der Suche nach Abenteuern und modrigen Kadavern.

Hat jetzt mit Neuwörtern nichts zu tun, fiel mir aber gerade ein.

Wenn der Waidmann einsam und friedlich durch die Wälder schnürt und über das Gehänge seines besten Freundes streicht, bis diesem der Lecker aus dem Äser hängt, so mag dies verwirrend klingen. Ist ja auch in der Wortzusammensetzung nicht ganz richtig. Grob übersetzt streift unser Tierfreund durch den Wald und streichelt seinem Hund über die Ohren (nebst Kopf), bis diesem vor Freude die Zunge aus der Hundeschnauze hängt.
Nun bleibt die „Jägersprache" durch seine Begrifflichkeiten durchaus gewöhnungsbedürftig, hat aber seinen nachvollziehbaren Ursprung.

Viel schlimmer ist eine „neue Sprache", die sich mehr und mehr in einigen Köpfen zu etablieren scheint und bisher noch als namenloses Unding bezeichnet werden kann.
„Isch mach dich Messer" ist dabei eher die Ausnahme, vielleicht etwas provokativ, jedoch böserweise in gewissem Maße noch verständlich.
Und, wie ich zugeben muss, sind sehr viele Informationen in dieser Aussage verborgen.
Lässt es doch in gewissem Maße den zumindest sprachlichen Bildungsstand erahnen, logopädische Defizite, die böswillige Absicht, berufliche Fertigkeiten, ...
Trotzdem ... man fühlt sich als Angegriffener dabei einfach unterfordert.
Ohne dabei jedoch weitere Umstände kennen zu müssen, sollte man sich aus dem Staub machen, wenn man sich derart angesprochen fühlen sollte.

Achten Sie einmal beim nächsten Angriff auf
Ihr körperliches Wohlbefinden auf die Wortwahl
des mutmaßlichen Peinigers!

Mitunter wird dieses „Deutsch" als
„Kiezdeutsch" bezeichnet und war es einigen
Menschen / Institutionen sogar Wert, Zeit zu
investieren und Studien darüber anzustoßen.
Wobei mich Ergebnisse mit Betitelungen wie
„Kreativität" und „Chance für die deutsche
Sprache" arg ins Grübeln bringen.

Wer sich ein eigenes „Bild" machen möchte:
Die Berliner U-Bahn ist für den aufmerksamen
Lauscher eine hervorragende Anlaufstelle,
Beispiele dieser Gruselformen deutscher
Sprache zu erhaschen.
„Ischwör Alter, war so!", *„Geh ich Automat!"*,
„Musstu Frisör!", ...
Bestlmml zu wenige Beispiele.

Aber im Grunde ist es durchgehend das
Weglassen von Wörtern, bzw. eine
Umsortierung innerhalb eines „Satzes" und
möglichst die Verwendung von Zischlauten, für
die man früher zum eben erwähnten
Logopäden geschickt wurde.
„Fratzengeballer" = Schlägerei.
„Das ist fett!" = toll
Unterwegs sein Bierchen trinken = „Fußpils"

Genug. War ja nur ein kurzer Gedanke.
Werd erstmal meine Anführungszeichen in dem
Text zusammenfegen.
In der Hoffnung, dass man sich selbst nicht

vielleicht doch früher oder später einige „Formulierungen" zu eigen macht, da diese ja irgendwann auch über einen „nachvollziehbaren Ursprung" verfügen.
Sicher bin ich zu konservativ.
Ich geh Kaffeemaschine.

Mobile Sex-App

Ich habe ein neues Handy, ein Smartphone! Ok, der Erwerb ist jetzt doch schon eine Weile her, aber erstens kann ich mich noch ziemlich genau an meine erste Freude erinnern und zweitens hat sich in der Zeit seitdem nicht grundsätzlich viel geändert in dieser Welt des Frohlockens. Das Ganze hat dem Leben doch endlich wieder einen Sinn gegeben, oder „hat Sinn gemacht", wie man heutzutage wohl *sinnentleert* labert.

SMS-, Telefon- und Internetflat, hat heutzutage sicher fast jeder, gab`s gleich dazu. ErLebensflat sozusagen.

Seit Tag Eins gehörte ich nun auch endlich in den Kreis jener Auserwählten, die die Bäckerei zum Brötchenkauf sichtbar für alle mit gezücktem Objekt der Begierde betreten durften.

Und da stand ich nun, inmitten einer Schülermeute, aufgereiht wie Orgelpfeifen mit halb heruntergelassenen Hosen, so, dass man glauben konnte, deren Bedürftigkeit erstrecke sich über den Brötchenkauf hinaus. „Man nennt das Mode", wurde ich später aufgeklärt.

„Ok", gab ich zu, sah ja immer noch besser aus, als dieser Lagergrün oder Hallenfeld oder wie der heißt, der scheinbar jeden Tag die gleichen hässlichen Klamotten aufträgt.

Und so lange ihm das keiner traut zu sagen, nennt man es halt Mode.

Bin mal wieder abgeschweift. Abgeschwiffen? Ich war an der Reihe, wurde unsanft aus meinen Gedanken gerissen.

„Moment!", meinte ich, zückte mein Handy und spürte sofort die Blicke der neidischen Schulnager in meinem Rücken.

„Das da!", meinte ich kurz und zeigte auf eine Kreation in der Auslage, während ich ein Foto davon machte.

Als die Verkäuferin grummelig das Brötchen in einer lustig bunten Papiertüte verstaute, lud ich mein Frühstück „ins Netz hinauf".

Alle 876 Freunde auf Facebook und anderen Seiten waren nun informiert: JA, es ist ein Käsebrötchen!

Um den Schein zu wahren, zahlte ich mit allem mir zur Verfügung stehendem Kleingeld.

Mein Gott, die Welt steht einem offen mit solch einem Smartphone!

Aber so richtig laufen einem die Körpersäfte erst zusammen, öffnet man das kleine, beigepackte Bedienungsbüchlein aus der Smartphoneverpackungskiste, in dem all die Dinge beschrieben werden, die man bisher schmerzlich vermissen musste.

Unendlich viele Apps, die sich nach einem verzehren, um dieses mobile Internet gemeinsam mit allen anderen nutzen zu können und dabei gebannt an jedem Ort durch dieses kleine Tor in die weite Welt zu blicken.

Kamera-Apps gibt es zu entdecken, die einem suggerieren, dass der dümmste Almödi gut fotografieren kann, solange man seine Fotos mit den in einer App integrierten Effekten zu verschleiern in der Lage ist.

Apps zum Navigieren, Musik hören, Videos anschauen, ...

Ich bin begeistert!

Mit einem Freund teste ich eine „Fortpflanzungs"-App: xxxxx (keine Schleichwerbung für sinnlosen Kram!).

WOW, das klappt tatsächlich, ist kostenlos und gibt mir die Hoffnung, bald mit jemanden den Abwasch teilen zu können.

Zuerst jedoch werden mir außer Appbesitzerinnen auch balzwillige Männchen offeriert. Mich gruselt`s ein wenig.

Bevor ich die Fotos der balzwilligen Männchen ausblende frage ich mich, ob die Damenwelt tatsächlich auf solche Macho-Bildchen steht, wie sie mir hier entgegen exibitionieren.

Aber manche stehen sicher auf ein:

„Er füllt *es*"- Liebesleben ...

Wo war Ich? Ach ja, kostenlose Apps!

Ja, gibt es viele.

Ich gehe, seitdem ich stolzer Smartphone Besitzer bin, häufiger in Cafés, in denen man kurz an einer Steckdose innehalten und das Handy aufladen kann. Besuche auch immer häufiger nur noch Freunde, denen es nichts ausmacht, wenn man mal schnell sein Handy lädt. Zwischendurch hab ich ja auch mal versucht, auf einige der Funktionen meines neuen Smartphones zu verzichten, aber das schlug schon beim Bäcker fehl.

Es gibt so kleine, lustige Kurbeln, mit denen man sein Handy unterwegs aufladen kann, damit hab ich es auch eine Zeitlang probiert.

Auch mit so einem Solarzellen-Pack ...
Sicher machte ich etwas falsch, denn stärkere
Akkus gab es ja nicht.
Aber ich ertappte mich dabei, einen Großteil
meiner Freizeit immer mehr zu Hause zu
verbringen. Gleich neben einer Steckdose,
stets mit sicherem Blick auf meinen Liebling.
Im Grunde ist es ja auch egal, denn die
Fortpflanzungs-App funktioniert ja auch von
hier. Und es ist auch viel bequemer, als in der
U-Bahn zu stehen und gebannt auf den kleinen
Bildschirm zu starren. Oder beim Laufen damit
über herumliegenden Unrat zu stolpern.

   Endlich hab ich herausgefunden, wie ich alle
Funktionen meines Smartphones nun endlich
nutzen kann.
Und ab und zu, zwischen zwei Ladezyklen,
nehm ich es auch mit in die Küche zum
Abwasch.
Anstelle eines Flirts, den ich aber sicher noch
finden werde.

Und morgen werde ich mit meinem Handy mal
versuchen, zu telefonieren.

Vorsätze

Selbst ohne repräsentatives Wissensfundament behaupte ich, dass in den Charts neujährlicher Wünsche des schnöden *Bundes-Michels* das Steuersparmodell „Nikotinkonsumreduktion", bzw. vollkommene Loslösung von diesem Laster, oberste Priorität besitzt.
Wahrscheinlich dicht gefolgt vom Traum flüssiger Drogen-Affinitätler, der täglichen Darmspülung durch kühlen Gerstensaft etwas Gleichwertiges entgegensetzen zu können, um dem drögen Alltag trotzdem ein Schnippchen zu schlagen und den bereits ledernen Magen nicht weiterhin flüssigem Brot aussetzen zu müssen.

Keine Ahnung, warum uns – oder zumindest mich - diese und weitere Gedanken immer zur gleichen Festivität des Silvesterabends hin umtreiben, doch scheint der Wunsch nach Veränderung – die wir in diesem Zusammenhang gern mit Verbesserung gleichsetzen – tief in fast jedem von uns verankert zu sein.
Weniger Nikotin, weniger Alkohol, netter zum Chef sein. Oder seiner Frau.
Beim Pinkeln ins Klo treffen, beim Auto fahren nicht fluchen, der Kollegin nicht (so oft) auf die prallen Brüste starren, oder vielleicht auch mal die Wohnung renovieren.
Ok, *streichen* wir mal den letzten Punkt.

Weiß der Geier, wie unendlich viele Wünsche in unseren Köpfen herum spuken.

Klar nehme auch ich mir speziell zum Jahreswechsel, wenn auch nicht ausschließlich, einige Dinge vor, die geändert werden müssten, oder zumindest ein Überdenken wert sein sollten.
Und als erstes Beispiel fällt mir dabei immer ein, das Rauchen aufzugeben.
Grundsätzlich jedoch muss ich an all die Leute denken, die mir so im Laufe des Tages begegnen. Und bei vielen sollten Änderungen sogar ein „Muss" sein. Dabei eher weniger auf`s Rauchen schielend.

Zum Beispiel diese Schwachmaten, ich erwähnte es vielleicht bereits an der einen oder anderen Stelle, die mit angelutschten, halbvollen Bierflaschen wie Möchtegern-Jungbrunnen-Zombies durch die Mengen wandeln. Eine Demonstration ihrer Coolness in Bahn, Bus und per Pedes, um allen auf diese Weise mitzuteilen, dass man dazugehört zum freidenkenden Kern der Berliner Szene. Freidenkend, denn sie lassen es sich nicht nehmen, daran zu erinnern, dass es sogar heutzutage noch Menschen gibt, die selbst in der Kneipe verdursten. Und so hoffen Sie, dass Sie beim Einführen des Flaschenhalses beobachtet werden und man dabei des Phallus-Symbols gedenkt, dessen Inkarnation sie gerne wären.
Oder aufs Handy glotzende Teenies, die weder

bemerken, dass sie mit Freunden unterwegs sind, die sich mit ihnen vergeblich zu unterhalten versuchen, noch dass ihnen bereits der Sabber aus den Mundwinkeln auf die Schuhe eines Mit-Michels tropft.

Letztens sah ich vor einem Café ein Schild: „KEIN WLAN. UNTERHALTET EUCH!"

Mann, wie soll man da noch ein paarungswilliges Weibchen finden, wenn die Ohren kopfhörertamponiert sind und alle Blicke dem Handy-Display gelten, auf dem ja augenblicklich eine Nachricht aufpoppen könnte?

Tss … komische Popperei …

Oder wenn ich vor der Supermarktkasse darauf lauere, dass der immer noch rüstige Pensionär endlich die noch fehlenden 9 Cent-Stücke aus der Geldbörse fingern kann, um sie der mitleidig grinsenden Kassiererin auszuhändigen, während mir der keuchende Atem des hinter mir Wartenden feucht in den Nacken schlägt und mich der Gedanke befällt, dass es gleich unsittlich werden könnte.

Genau die, der hinter und der vor mir, die sollten auch mal was überdenken. Aber es wird sich allgemein sicher nie etwas ändern.

Sitze jetzt hier und schreibe diesen Text. Und stelle mir stellvertretend für all unsere guten Neujahrswünsche vor, wie Kollege Hans-Uwe (er hat mir seinen feuchten Wunsch mal erzählt) die Kollegin Annemarie mit den prallen Brüsten in die Dorfdisco entführt und sie dort mit Eierlikör gefügig macht.

Nach ein bis zwei Hühnereien endlich bereit,

mit ihm die Koje zu teilen und sich sein Erbgut einzuverleiben.

So machen sie sich also auf und einigen sich nach einem kurzen Knutsch- und Fummelgelage im Auto, doch lieber die Bahn zu nehmen, da Hans-Uwe nicht mal das Zündschloss trifft. Und mischt sich dort mit besagten halbvollen Bierflaschen unter den freidenkenden Pöbel, um nicht aufzufallen.

Nachdem die Beiden in der Wohnung angekommen sein werden, wird Annemarie vor Übelkeit sofort Gelbei an Hans-Uwes Tapeten kotzen.

Doch der wird davon erst am nächsten Morgen etwas merken, weil er nach dem versehentlichen Pinkeln auf den Badboden auf ebendiesen herniedersinken und einschlafen wird.

So wie Hans-Uwe und Annemarie werden es viele niemals lassen können.

Sich mal einen Traum erfüllen. Und dabei nicht an die Wand kotzen.

Und ich zünde mir jetzt einfach zum Schreiben wieder eine Zigarette an.

Hab ja genug Ausreden, weiter zu rauchen.

Zumindest brauche ich nicht - wie Hans-Uwe - meine Wände neu streichen.

Sex and Crime in Tempelhof

Bereits beim Auspacken geistern die
Gedanken zum Tempelhofer Flugfeld durch
meinen Kopf.

Tempelhofer Flugfeld?
Zum besseren Verständnis ein paar
vorauseilende Sätze, denn man sollte schon
wissen, worum es sich bei diesem Feld handelt.
Der geschichtliche Hintergrund ist für die
Begründung der Volksbefragung: „Pro
Tempelhofer Feld" essentiell.

Bei diesem Gelände handelt es sich um ein
ehemaliges Flugfeld im Herzen Berlins, auf dem
Orville Wright bereits 1909 den ersten
Motorflug absolvierte. 1924 wurde die Berliner
Flughafen-Gesellschaft mbH gegründet und der
weitere Ausbau des Flughafens begann.
Ab ca. 1940 nutzte die Rüstungsindustrie das
Gelände und bediente sich dabei Tausender
von Zwangsarbeitern zur Herstellung von
Kriegsmaterial.
Im August 1945, nach dem Ende Zweiten
Weltkrieges, wurde der Flugbetrieb wieder
aufgenommen.
1948 bis 1949 landeten dort während der
Berlin-Blockade Versorgungsflugzeuge, um die
Einwohner Berlins mit Lebensmitteln zu
versorgen, da andere Wege in die Stadt nicht
möglich waren.
Die Blockade wurde überstanden und der

Passagier-Luftverkehr entwickelte sich.
Man darf dabei nicht vergessen, dass dies die einzige Möglichkeit war, West-Berlin ohne Kontrollen durch DDR Beamte zu verlassen, oder hinein zu gelangen!
Nach dem Mauerfall entwickelte sich der Flugbetrieb weiter, bis er 1975 für den zivilen Luftverkehr eingestellt und nach Tegel, im Norden Berlins gelegen, verlegt wurde.
Im Jahr 1985 wurde Tempelhof für den Geschäftsreiseverkehr wieder kurzzeitig geöffnet.
Der letzte Charterflug und gleichzeitig der letzte Start eines Jets von Berlin-Tempelhof erfolgte am 30.Oktober 2008, die letzte Flugbewegung gab es auf dem Flughafen Tempelhof am 26. Juni 2010.
Seitdem wird das ehemalige Flughafengelände als *Tempelhofer Freiheit* oder *Tempelhofer Feld* bezeichnet. Genutzt wird das riesige Areal für die Freizeit der Berliner. Zum Radfahren, Skaten, Laufen, Spazieren, Grillen, Drachensteigen, Sonnen, Feiern, Fußball spielen, …

Während ich dem Pinkelbecken noch etwas mehr auf die Pelle rücke, zwickt mich der Zwischengedanke, dass die „Eingabe/Klage" einer Studentin bezüglich der Gleichberechtigung auf öffentlichen Toiletten, im speziellen der Benutzung solcher Becken durch die holde Weiblichkeit, von offizieller Seite abgewiesen wurde.
Wie auch immer, diese Umsetzung werd ich

mir mal später an geeigneterem Ort
vorzustellen versuchen.

Grausam, wie das wieder tröpfelt …
Dafür fließen die Gelder. Sollten fließen.
Denn bei dieser Volksbefragung zum
Tempelhofer Flugfeld ging es um die weitere
Nutzung des Geländes.
Teilbebauung des Feldes, oder alles so lassen,
wie es ist?

Abgestimmt wurde über ein Areal, welches
380 Hektar umfasst, einschließlich eines
denkmalgeschützten Gebäudes und dahinter
liegender Betonfläche.
Wenn man bedenkt, dass der Londoner Hyde
Park 240 Hektar groß ist, kann man sich
ungefähr vorstellen, über welche Ressourcen
entschieden werden sollte.

Sollte! Denn eine Teilbebauung des Berliner
Tempelhofer Flugfeldes wurde letztlich durch
diesen Volksentscheid am 25.05.2014 quer
durch alle Bezirke von der Bevölkerung
abgelehnt.
Die Politiker machten dazu böse Mine; in ihren
Augen war dies wohl eine Entscheidung des
niederen Pöbels, der keine Ahnung von
Stadtentwicklung und –planung hat.
Ca. 600 Millionen Euro wurden für den Bau
veranschlagt. Veranschlagt durch hochbezahlte
Experten, die sicher auch den BER Flughafen
geplant hatten.
Bin allein von der Vorstellung begeistert,

Zahlen so interpretieren zu können, wie es gerade genehm ist.
Auch die 600 Millionen Euro sind natürlich nur grob geschätzt …
Und die Gelder für die Experten flossen natürlich schon, bevor irgendeine Entscheidung gefallen war. Wir haben`s ja …

Preiswerter Wohnraum sollte – unter anderem – entstehen.
Schließlich möchten jährlich ca. 40.000 Menschen hier sesshaft werden und Berlin geizt etwas mit „Fress- und Fickzellen" (Diese furchtbaren Ausdrücke sollen von Heiner Müller stammen).
Und nun sind alle guten Politikerplanungen dahin.
Scheinbar sollten alle 40.000 in die angedachten 2.500 Behausungen ziehen, denn über weitere Gedanken - anderweitig zu bauen - wird geschwiegen.
Oder es gibt darüber nichts weiter zum Besten zu geben.
Aber ok: 40.000 Menschen in 2.500 Wohnungen = Massenrammeln.
Sex and Crime.
Heiner Müller hatte Recht.
So die Ausdrücke tatsächlich von ihm stammen.

Nun werden die Wohnungen in Berlin ganz, ganz teuer werden!!!
Mahnt die Obrigkeit. Unsere Aufpasser. Unsere Betreuer.

Hat das der Pöbel gar nicht bedacht?
Mensch, Berliner! Jahrelang sind die
Wohnkosten gesunken (nein, nicht überlegen –
das war ein Scherz!), aber jetzt?
Hätte gebaut werden dürfen, wären die Preise
nämlich derart gesunken, dass wir abends eine
Kerze ins Fenster hätten stellen müssen. Eine
kleine Träne wäre uns dabei beim Gedanken an
Spekulanten und Co. über die Wange gekullert.
Wahrscheinlich eher gleich ins Pinkelbecken.
Was für ein Schwachmat muss man sein, um
zu glauben, dass die Preise nicht trotzdem
gestiegen wären, hätte gebaut werden
dürfen???
Die Massenzuwanderung ist schon seit sehr
langer Zeit ein ernstes Thema. Angebot und
Nachfrage treiben nicht nur in Berlin die Preise
derart in die Höhe, dass ein Wohnen auf
absehbare Zeit wohl nur noch den
Besserbetuchten vorbehalten bleiben wird,
während Normalverdiener wenigstens an die
Stadtränder, bzw. in „Bezirke" abwandern
müssen, in denen das Licht schon tagsüber
ausgeknipst wird.

   Zurück zum Tempelhofer Feld.
NATÜRLICH sollte bloß am Rand des Feldes
gebaut werden …
Und die dann an diesem Rand in ihren Zellen
Rammelnden würden sich *freuen*, wenn auf
dem Feld laut gefeiert wird.
Nee, gefreut hätten sich nur mal wieder
irgendwelche unterbezahlten Anwälte.
Klagen wegen Ruhestörung sind doch
vorhersehbar, wenn das restliche Feld weiter

für Veranstaltungen und Freizeit hätte genutzt werden dürfen …
Weniger Veranstaltungen, weniger Leute, weniger „Krach".
Kommen weniger Leute, dann kann ja noch ein bisschen mehr gebaut werden …

Man kann sicherlich unterschiedlicher Meinung zu diesem Thema sein, aber muss man auch so verbohrt sein, wichtige Argumente zu ignorieren?
Nun kommen zusätzlich auch noch „Klagen" der Politiker zu einer Bücherei die dort nicht entstehen kann …
Endlich noch eine Bücherei …
Döner-Buden, Handy-Läden, Sex-Shops, Büchereien …
Braucht Berlin unbedingt noch mehr.
So nen blöden Dildo kann man sich wirklich auch im Netz bestellen …
Oder in einem der zahlreichen Sex-Shops käuflich erstehen.
Denke, Berlin hat genug an Büchereien etc., die auch locker zu Fuß oder mit einer kurzen Bahnfahrt erreicht werden können.
Vielleicht sollte man sich erst mal um die Bestände an Bibliotheken kümmern. Um Bildung an sich, für die immer weniger Geld da ist. Und eine gesonderte Abstimmung zum Thema „Bücherei" gab es nicht.
War ja eh verwirrend genug auf diesem Wahlzettel.
NATÜRLICH ohne, dass dies beabsichtigt war.

Liebe Befürworter der Bebauung.
Nicht gram sein!
Vergesst bitte nicht, wie viel Millionen an
Touristen jedes Jahr nach Berlin strömen. Aus
vielerlei Gründen.
Einer davon ist, dass Berlin über riesige Grün-
und Erholungsflächen verfügt.
Kann man das mit irgendeiner anderen Stadt
auf der Welt vergleichen?
Die Berliner sind stolz darauf, mit keiner
anderen Stadt vergleichbar zu sein, wollen
diesen Zustand erhalten und haben bei dieser
Abstimmung Einigkeit bewiesen. Wie so oft.
Großstadt: ja, aber nicht zu jedem Preis.
Vergesst auch nicht, dass uns diese Touristen
Jahr für Jahr ihr sauer verdientes Geld bringen.
Je weniger wir uns von anderen Städten
unterscheiden, desto geringer wird das
Interesse der Menschen sein, Berlin zu
besuchen.
Und noch eins – als Beispiel: Historisch
gesehen ist Berlin ein Leckerbissen für die
ganze Welt. Allein der Gedanke an die
Trennung durch diese beknackte Mauer zieht
schon die Massen an. Und wo ist heute diese
Mauer? Da waren scheinbar wieder unsere
Freunde, die hochbezahlten Planer, auf dem
Reißbrett unterwegs. Und nicht nur dort, denn
von dieser Mauer sind leider nur noch
Bruchstücke geblieben.
Zeugen der Zeit. Vielleicht gewichen für neuen
Wohnraum?
Ich find das mehr als peinlich …
Denn gerade Berlin trägt einen großen Teil
Verantwortung, bezogen auf die

Vergangenheit.
Nicht nur für das, was war, sondern auch für das, was ist.
Damit all die, die andere Zeiten nicht erlebt haben, zumindest einen kleinen Eindruck von dem erhalten, wie sich Dinge entwickeln können und entwickelt haben.

Da gab es diese Abstimmung.
Und Einigkeit.
Selbst bei der Vielzahl an Niedriglöhnern, die Berlin hat.
Trotz der Angst vor weiteren, steigenden Preisen.
Schiebt diesen geldgeilen Spekulanten endlich einen Riegel vor den Schlund! Und kümmert euch um Bebauung auf anderen „Freiflächen" in Berlin, von denen es genug gibt und an die Ihr euch nicht rantraut, weil sie in Privatbesitz sind.
Dieser Flughafen hat viele unserer Familien vor Jahren mit Nahrung versorgt und steht als Symbol des Friedens und der Freiheit – der Tempelhofer Freiheit.

Die Gedanken sind frei, und ich hab mich jetzt kurz aufgeregt. Auch, wenn es noch mehr zu schreiben gäbe.
Vielleicht etwas zu aufgeregt, zu zynisch.
Nichts tropft ewig, und mit der Freiheit können manche nicht gut umgehen.
Also pack ich wieder ein und gehe meiner Wege.

„Gedichte"

Das ist wohl die Rubrik, von der ich besser die Finger lassen sollte.
Ich hab es trotzdem mit ins Buch genommen, weil ich auch andere Dinge als zum Beispiel Zynismus im Kopf hab.
Ich verspreche: Es sind nicht viel Texte!

Wünsche soll eine Stimmung wiedergeben und, dass ich mitunter - wenn auch nicht oft - romantischere Gedanken habe.
Muttertag hab ich für meine Mutter geschrieben, *Fernab* handelt von einer Beziehung, die ich nicht haben konnte, aber mir lange im Kopf herum geisterte.
Preis soll wie der erste Text in der Rubrik auch eine Stimmung beschreiben, ohne, dass ein bestimmtes Ereignis damit verbunden ist.
Wahl fiel mir einfach mal zwischendurch ein ...

Jetzt aber viel Spaß beim Lesen - wer mag.
Und nicht so viel meckern ...

Wünsche

   Das Flackern der Kerze
auf deinem Tischchen
zaubert Schatten
in dein schönes Gesicht.

   Schaue dich an,
immer noch mehr, ein bisschen.
Möchte dich küssen,
berühren, bei jedem Licht.

   Sanft deinen Körper streicheln,
auch in Gedanken.
Ich mag die Berührungen,
die Wärme der Haut.
Meine kleine Welt, so sehr im Wanken ...
Mag in dich kriechen,
bis der Morgen graut.

Muttertag

Voll von Wünschen
und magischen Orten.
Nicht zu beschreiben
mit einfachen Worten.

Liebe die Menschen,
vor allen Dingen.
Vergiss niemals die,
die mit dir gingen.

Dank an das Leben
dem wir gewahr.
Dank an die Mutter,
die es gebar.

Fernab

Du hast dich in den Schatten geflüchtet,
die heiße Sonne noch immer auf der Haut.
In deinem geschlossenen Mund
der Geschmack von Salz.

Du sagst:
Ich möchte in ferne Welten reisen
und all die Dinge sehen,
die ich mir erträumt habe.
Wenn du bleiben möchtest,
werde ich dich mit mir nehmen.

Du hältst meine Hand ganz fest,
um mir deine Welt zu zeigen.
Ich möchte ja mit dir hinaus,
doch deine Hand zieht mich hinunter.

Deine Welt liegt im Dunkel.
Die grelle Sonne, die dich immerzu blendet,
der Geschmack von Salz
in einem trockenen Mund.

Du sagst:
Ich möchte in ferne Welten reisen
und all die Dinge sehen
die ich mir erträumt habe.
Wenn du bleiben möchtest
werde ich dich mit mir nehmen.

Du gleitest allein davon
in deine Welt des Lichts.
Ich bin zu schwach dich zu halten,
aber zu stark mit dir zu gehen.

Du sagst:
Ich möchte in ferne Welten reisen
und all die Dinge sehen
die ich mir erträumt habe.
Eines Tages, wenn du noch möchtest,
werde ich dich mit mir nehmen.

Preis

Klammernd, dem Sturm zu widerstehen.
Zu trotzen, zu messen.
Der Triumpf des Geschmacks
salziger Tränen im Mund.
Verwässernde Kälte in tosender,
undurchdringlicher Dunkelheit.
Die Hoffnung verloren
ein Licht zu entfachen.
Reden wie Schweigen
stirbt im Sturm.

Wahl

Nun liegt sie da - das erste Mal.
Und ich steh vor der Qual der Wahl.
Die Schenkel jung, so glatt, fast ölig.
Und doch klingt es fast ungehörig.
Ach, wenn`s mal so wäre!
Ist ja nur ne Schere.

Schockstarre

2015 rief *mein* Verlag aus dieser Zeit eine neue Buchreihe ins Leben. Überlebt hat sie leider nicht. Ich hatte mir dafür vorgenommen, kurze, verwirrende Texte beizusteuern. Was mir hoffentlich gelungen ist. Zartbesaitetere Gemüter sollten die Rubrik besser überspringen.

Bunte Kreisel beschreibt einige Spielzeuge und meine Gedanken dazu.
Der Augenblick handelt von meiner Liebe zum Fotografieren, in *Gejagt* machen wir gemeinsam einen Ausflug ins dichte Blätterwerk.
Shopping ist meist ein Albtraum für die Männerwelt, außer, man hat sich wieder mit seiner Frau versöhnt.
Tischgedanken möchte Sie daran erinnern, dass es noch Speisungen abseits von Fast Food gibt.

Auch hier: Guten Appetit!
Wenn es wahrscheinlich auch nicht ganz passend ist …

Bunte Kreisel

Anfassen war nicht. Dabei würde ich all diese Spielzeuge zu gern berühren. Zu gern erleben, welche Freude sie brächten.

Der Raum war sehr dunkel gehalten, nur ein Spot beleuchtete den Tisch, auf deren einen Hälfte Spielzeuge auf weichem Tuch ruhten. Ich bin kein Kenner, aber dies alles sah mir nicht nach Massenware, sondern nach liebevoll gefertigten Unikaten aus, ohne, dass ich es begründen konnte.

Ein aus größer werdenden, einzelnen Kugeln zusammengesetzter Wurm, wohl aus Metall gebaut und mit einem roten Farbüberzug, eine Art hölzerner Skorpion, etwas größer als sein lebendiges Vorbild, aus stabilem Holz, poliert, mit kaum sichtbaren, eingelassenen Scharnieren, zwei herrlich anzuschauende, verschieden große, bunte Kreisel, deren Aussehen bereits schwer wirkte und ein langes Drehen versprach, daneben ein eigenartig wirkender Fächer, irgendwie skurril, aber dennoch faszinierend.

Eine kleine Werkbank aus Holz ließ noch mehr Erinnerungen in mir wach werden und ich wünschte mich in die Zeit meiner Kindheit zurück. Wünschte mir, meine schönen Erinnerungen würden nun bei mir bleiben und mich nie wieder verlassen.

Stattdessen fand ich mich auf diesem Stuhl wieder, festgeschnallt, bewegungsunfähig und mit einem Kieferspreizer am Kopf befestigt. Aus dem Dunkel kam langsam ein Mann in weißem Kittel in meine Richtung und ich wusste, dass ich mich nicht in meine Erinnerungen retten konnte.

Der Augenblick

Vor Jahren bereits hatte ich mir eine Kamera gekauft, die allen meinen Ansprüchen genügte. Lichtstark, schnell, keine Farbverfälschungen. Bitte - nehmen Sie es mir nicht übel - ich halte mich für einen sehr guten Fotografen! Und habe wirklich schon erstaunliche Aufnahmen zustande gebracht!

Nein, ein Lieblingsfoto habe ich nicht. Aber es gibt auch kaum jemanden, der von sich behaupten kann, DAS ultimative Foto geschossen zu haben. Vielleicht würde es mir ja heute gelingen, denn ich wusste vom ersten Moment an, dass dies so eine Art von Foto werden könnte, welches mich auf einen Schlag auf der ganzen Welt berühmt werden lassen würde.

So vieles hatte ich schon in meiner Zeit als Fotograf als Motiv aufnehmen dürfen. Und am liebsten waren mir die Motive, die Geschichten erzählten. Schöne Geschichten. Von kleinen und großen Begegnungen, Liebe, Trost, Vertrauen.
Ja, ich halte mich selbst für sehr empfindsam. Und das spiegeln meine Fotografien auch wieder.
Obwohl ich zugeben muss, dass reine Sensibilität nicht ausreicht, um zur Spitzenklasse zu gehören. Dazu musste man auch über seinen Schatten springen können.

Verhindern konnte ich es sowieso nicht mehr; was ich erkennen konnte, war Entschlossenheit. Ich blickte nach oben. ER würde springen, das wusste ich mit Sicherheit. Und meine Kamera würde diesen Moment festhalten. Diesen Moment des Aufschlages.

Gejagt

Der Vollmond nutzte mir heute nicht viel: Das meiste Licht wurde durch die vielen Bäume des dichten Waldes geschluckt. Aber auch wenn die Abenddämmerung nun dem Dunkel gewichen war, die Fährte des Wildes hatte ich bereits aufgenommen.

Solcherart Wildspuren hatte ich in meiner Zeit als Jäger noch nicht gesehen - was ab und zu vorkommen konnte, da sich Tiere auch Verletzungen zuzogen. Dadurch konnte ein genaues Identifizieren im dämmrigen Licht durchaus erschwert werden. Dieses Tier jedoch war mit Sicherheit verletzt und allein unterwegs. Und ich würde nicht mehr nachlassen, bis ich meiner Beute gegenüber stand.

Was ich an Hand der tiefen Spuren noch erkennen konnte war, dass das Tier sehr schwer sein musste.

Ich freute mich darauf, es mit ein, zwei Schüssen, möglichst genau zwischen die Augen, von seinen Qualen zu erlösen und ihm dann vorsichtig mit dem Messer das Fell von seinem Fleisch zu entfernen. Freute mich auf das Geräusch, das der dichte Pelz machte, wenn er sich von der Haut trennte und auf das saftige Fleisch, welches ich bald an meinem Gaumen schmecken würde.

Ein vollkommen leises Heranschleichen an das Wild war mir zu keinem Zeitpunkt möglich und auch der Schein meiner Lampe erschwerte es, unentdeckt zu bleiben.

Doch nun glaubte ich, ein Rascheln der Blätter durch meine Beute vernehmen zu können. Nicht weit von mir entfernt. Ich beschleunigte meine Schritte; es spielte keine Rolle mehr, sich ihm leise, damit aber langsam, zu nähern: Es hatte mich entdeckt und wusste um die Gefahr. Nun hieß es, besonders vorsichtig zu sein, denn es war zwar langsam, aber gerade durch die Verletzung unberechenbar. Die Lampe richtete ich nun nicht mehr nur auf den Boden, sondern hielt sie höher, um besser sehen zu können. Für einen Moment sah ich sein Schemen – nur noch 10, 20 Meter von mir entfernt. Ich entsicherte im Laufen mein Gewehr, versuchte, schneller voranzukommen, ohne dabei ins Stolpern zu geraten.
Gleich … gleich würden wir uns Auge in Auge gegenüberstehen, zu einem letzten, einseitigen Kampf.

Wenn der Schein meiner Lampe eben noch nur ein kurzes Bewegen des Wildes beleuchten konnte, so sah ich nun, dass es in seinen Bewegungen innegehalten hatte, mir mit dem Rücken zugewandt und sich in der Ausweglosigkeit langsam umdrehend. Meine Lampe befestigte ich mit ihrem Magneten an meinem Gewehr und hob es in die Höhe, um diesen Augenblick schnell enden zu lassen. Etwa 10 Meter von mir entfernt stand es jetzt regungslos dort und starrte mich an.

Ein Jäger erkennt genau, wann die Jagd zu Ende ist.

So durfte es in diesem Augenblick meinem Gegenüber gehen, auch wenn meine Flinte schussbereit auf seinen Kopf gerichtet war.

Man kann die Fratze des Teufels nicht beschreiben, doch es wurde mir im Bruchteil einer Sekunde klar, dass ich der Gejagte war. Diese Fratze des Todes starrte mich mit rotglühenden Augen an und ich glaubte, ein Grinsen auf diesem schleimbedeckten Maul sehen zu können.
Der Schock war groß. Das Gewehr fiel mir aus der Hand und mein letzter Gedanke war das Geräusch welches entsteht, wenn man der Beute die Haut vom Fleisch löst.

Shopping

Dreißig Jahre waren wir nun schon verheiratet. Dreißig Jahre, mit allen erdenklichen Auf und Abs. Doch so ausgelassen wie heute hatte ich sie in all der langen Zeit nicht erlebt. Sie lachte und scherzte. Nahm mich auf der Straße an die Hand. Erduldete meine eigenen kleinen Einkaufspausen und genoss es, mich lange anzuschauen, wenn wir für einen Kaffee innehielten.

Es war spät geworden, die Geschäfte nun schon fast leer, viele Menschen bereits auf dem Heimweg.
Doch ich lag noch hier – wohl unser letztes Geschäft für den heutigen Tag. „Probeliegen" nannte sie es, obwohl ich der ganzen Sache eher nicht zugetan war. Und dann noch bei diesem blöden Verkäufertypen, den sie im vergangenen Jahr bei einem Abendkurs kennengelernt hatte. Na ja: So schön, wie wir den Tag bisher verlebt hatten, sollte es mir egal sein. Und ihr strahlendes Lächeln entschädigte mich für meine Eifersucht.

Die Jahre hatten ihre Spuren in uns hinterlassen, doch nun schien es mir wie ein zweiter Frühling. Sie fragte, ob alles okay sei, worauf ich nickte und sie mir eine Kusshand zuwarf. Beim Nicken schloss ich meine Augen. Klar war alles in Ordnung. Wobei ich zugeben musste, dass mich dieser Typ schon störte. Wenn ich es mir recht überlegte, hatten seine Blicke auf sie schon etwas Forderndes. Und ein wenig eng standen beide schon die ganze Zeit beieinander. Sicher bildete ich mir das ein, gerade nach einem so schönen Tag. Und wenn sie mir gleich wieder in die Augen schauen würde, wären all meine dummen Gedanken Vergangenheit.

Hörten die beiden denn mein Klopfen gar nicht? Sie hatten eben erst das Schließen probiert. Die Luft wurde hier schnell verdammt dünn. Kein Geräusch drang mehr zu mir durch, und auch den Deckel konnte ich keinen Millimeter bewegen. Nein, ich konnte diesem Probeliegen wirklich nichts abgewinnen.

Tischgedanken

Rick fühlte sich vollkommen fehl am Platz. Selbst, wenn er gewusst hätte, was er zu allem hätte sagen sollen: Seine Kehle war wie zugeschnürt vor Verwunderung.

Verwunderung über diese Leute, Verwunderung über die Belanglosigkeit der Gespräche, vorgetragen mit der Ernsthaftigkeit philosophisch bewegender Themen.

„Das Auge isst mit!", hörte er die ihn anstarrende Frau mit den tiefen, dunklen Augenhöhlen den weibisch aussehenden Kerl mit der absurd tiefen Stimme unterbrechen. Rick hoffte, sie würde nicht noch mehr von diesen Binsenweisheiten von sich geben, doch offensichtlich hatte sie gerade erst zu einem Monolog angesetzt.

„Wohlan, die Speisen mögen in ein Blumenmeer gebettet sein, aber sagt ehrlich: Verdirbt nicht allein der penetrante Geruch den Geschmack dieses so köstlich angerichteten Mahles? Von der Beleuchtung ein Mal ganz abgesehen. Nicht nur, dass sie meine Augen blendet, obwohl ein gedämpfteres Licht der Atmosphäre in jedem Fall viel gerechter werden würde, nein, viel schlimmer ist die Farbe des Fleisches unter diesem Flutlicht, die doch so köstlich dem Auge schmeicheln sollte, es aber nicht vermag, ob dieser Verfälschung". Ein Stimmengewirr setzte ein, obwohl sie sicher nur zu einer Pause angesetzt hatte und nach Luft schnappen wollte.

Immer mehr fühlte ich mich unwohl inmitten dieser Menge, und trotz dem alles in mir

110

danach schrie, dem Ganzen Einhalt zu
gebieten, dem Kafkaesken der Situation zu
entfliehen, war es mir nicht ein Mal möglich,
meinen Arm zu heben. Und doch schien dieser
Augenblick meiner kaum wahrnehmbaren
Geste einen kurzen Mantel des Schweigens
über alle geworfen zu haben, denn die
eingetretene Stille schien mir nun so
ungewöhnlich, wie die Ruhe vor einem
anbrechenden Sturm.
Denn so, wie in der Natur das Abbrechen der
Vogelstimmen und die plötzliche Windstille
nichts Gutes verheißen, so lag es in der Natur
dieser um mich herum sitzenden Kreaturen,
ihre Speisen so lebendig wie möglich zu sich zu
nehmen.
So begann ich nun langsam, das Stechen der
Blüten, auf denen ich gebettet lag, zu spüren.
Und in den Augen der Kreaturen ein Leuchten
zu sehen, ein Leuchten der Vorfreude auf mein
einladendes Fleisch.

Berlin

Im Laufe von 4 Jahrzehnten konnte ich nun doch schon einige Städte besuchen. Und so schön, wie ich sie auch finde - in Berlin fühle ich mich am wohlsten. Darum jetzt mal ein paar Texte mit etwas mehr *Berlin Feeling*.

Einer der älteren Texte - *Kreuzberger Gedanken* stammt aus 2002 - bitte beim Lesen bedenken! Ein kleiner Spaziergang mit einem meiner Söhne den Kottbusser Damm entlang. Ins *Stangerbad* musste ich im Jahr 2000. Kurz vor meiner Odyssee im Weltraum.
Hier erfahren Sie, warum ich als Erfinder des Small Talks gelte!
Und diese Behandlungsmethode konnte man durchaus auch als Odyssee bezeichnen.
Straßenkampf entstand 2009. Eine der Auffälligkeiten im Berliner Morgenverkehr.
Handschuhe anziehen - spielt im Winter!

Ich habe einen Absatz vor dem nächsten Text gemacht, weil ich darauf echt stolz bin: *Letzte Worte*!
Entstanden 2007 sollte er im Zuge einer gewonnenen Ausschreibung in einer Anthologie erscheinen. Leider ging der Verlag Pleite. Veröffentlicht wurde er 2013 trotzdem. Er war einer von wenigen Gewinnertexten, die im Buch: „Zum Glück" von Radioeins veröffentlicht wurden. Und zwar zusammen mit Texten von unter anderem: Eckart von Hirschhausen, Horst Evers, Dieter Nuhr, Jörg Thadeusz,

112

Harald Martenstein, Friedrich Küppersbusch,
Bettina Rust, Florian Schröder, Dietmar
Wischmeyer und vielen anderen.
Mit diesen sozusagen „fremden Federn" musste
ich mich jetzt einfach schmücken!
Jetzt aber mit diesem Wissen nicht den Text
vorziehen beim Lesen! Und nicht wundern:
Letzte Worte passt wie die Faust auf`s Auge
des Buchtitels!

   Stationen ist der letzte Text in dieser Rubrik.
Entstanden 2015 / 2016. Darin gibt es die
kurze Überschneidungspassage. Ob`s Ihnen
auffällt?
Freuen Sie sich auf eine längere U-Bahn-Fahrt
durch Tempelhof, Neukölln und Kreuzberg!
Und: Sie brauchen nicht hetzen - wir haben
keinen 10 Minuten-Takt!

Kreuzberger Gedanken

Wir haben verschlafen.
Es ist Dienstag und bereits 14:00.
Wie mir schlagartig bewusst wird, als ich durch
ein Geräusch von der Straße geweckt werde.
Mein kleiner Sohn Fabian war seit Mittag im
Schlaf versunken und ich hatte mich ihm
unfreiwillig angeschlossen.
In einer Stunde war ich mit meiner Freundin
Christine, Fabians Mutter, am Mariannenplatz
verabredet. Jetzt hieß es: SPUTEN!

„Liebt ihr euch eigentlich noch?"
Wie aus heiterem Himmel hatte ich plötzlich
diesen Satz im Kopf, den mich letztens im
Stillen eine Bekannte fragte, nachdem sie
einen Streit zwischen mir und Christine
mitbekommen hatte.
Tss - ich weiß nicht.
Erstens warum mir Ihre Frage ausgerechnet
jetzt durch den Kopf schoss und zweitens, wie
sie darauf kam.
Denn diese Frage hatte sich mir bisher nie
gestellt.
Und ich denke, wenn sich erst ein Mal solch
eine Frage stellt, ist schon vieles im Argen.
Sicher, eine Menge ist bei uns zur Gewohnheit
geworden, wie bei anderen auch, aber daraus
diesen Schluss zu ziehen?
Und dann noch nach solch einem albernen
kleinen Wortgefecht?

Ich verwerfe meine Gedanken, schwinge mich von der Couch und werfe in der Küche die Kaffeemaschine an.

Während sich das Wasser blubbernd durch das Kaffeemehl saugt, gehe ich zu Fabian, um ihn zu wecken.

Der aber hat die Augen schon offen, strahlt sofort, als er mich sieht, springt auf und hat sichtlich gute Laune. Sicher auch, weil er seine Windel gut gefüllt hat.

So oder so, Windel gewechselt, zurück in die Küche.

Papa bekommt seinen Kaffee, Sohn Wasser und Knäckebrot.

Nein, nicht weil er das essen und trinken muss, es schmeckt ihm einfach!

Er ist voll guter Dinge, erzählt wild gestikulierend Dadas und anderes mir schwer Verständliches. Ich selbst dagegen bin noch nicht richtig wach.

14:30 stehen wir ausgehbereit an der Wohnungstür, 14:34 sitzt Fabian im Kinderwagen, den ich nun vorsichtig auf den Bürgersteig hieve.

Doch jetzt heißt es erstmal: Vorsicht walten lassen!

Leider hat es sich, zumindest in Berlin und speziell in Kreuzberg/Neukölln, eingebürgert, dass ein Großteil der Fahrradfahrer den Gehweg statt der Straße benutzt.

Was ich einerseits verstehen kann bei dem starken Verkehr.

Die meisten jedoch jagen mit einem „Immer drauf" – Verständnis den Bürgersteig entlang.

Vergisst man dies beim Betreten des Gehwegs, so wird man leicht zu potentieller Beute und unweigerlich beim Schritt aus dem Haus erlegt. Leider eines von vielen kleinen Beispielen der Verrohung in diesem und auch anderen Bezirken meiner Stadt.

Doch diesmal Glück gehabt. Niemand zu sehen. Dafür ist die Straße mal wieder total mit Autos verstopft.

Stimmt ja, heute ist Dienstag, türkischer Markttag! Einer von zwei Tagen in der Woche, wo man weit und breit keinen Parkplatz, geschweige denn einen Polizisten zu Gesicht bekommt. Sicher nicht aus Verständnis für den Markt, eher wohl aus „Respekt" vor so viel geballtem „Stadtteil".

Ideale Tage für notorische Falschparker und Raser!

So die Raser denn ein freies Stück Straße erhaschen können.

„Könnte man nicht gerade heute die leere Stadtkasse zum Klingen bringen?", frage ich mich insgeheim.

Da fällt mir erneut die Frage nach „Liebe" ein, wenn auch in einem anderen Zusammenhang.

Na ja, und warum sollte man es nicht auch eine Art von Liebe nennen!

Liebe ich es eigentlich noch, hier zu leben? Früher war es etwas Besonderes gewesen, hier zu wohnen.

Ein zentral gelegener Bezirk, trotzdem links und rechts der Hauptstraßen von sehr ruhig bis idyllisch.

Mit dieser Frage im Hinterkopf, dem Hupen der Autos und dem Brüllen einzelner Passanten in den Ohren gehen Fabian und ich die Bürknerstraße links runter und noch mal links auf den Kottbusser Damm.

Auch hier das gleiche Straßenbild. Stau wegen in zweiter Spur parkender Autos.

Und das Warngeschrei eines Radfahrers, der mich in Schlangenlinien überholt und dabei seinen Mittelfinger in den Himmel streckt.

Ein Rentner, der dies gesehen hat, schüttelt leise murmelnd seinen Kopf und läuft langsam weiter. Resigniert.

Wir gehen weiter zur U-Bahn.

Leider gibt's Rolltreppen und Aufzüge meist nur in den besseren Bezirken.

U-Bahnhof Schönleinstraße muss man zusehen, wie man seinen Kinderwagen die Treppen hinunter bekommt.

Oft jedoch wird man wegen Hilfe-Gebens angesprochen, fast ausnahmslos von Türken.

Die Deutschen scheinen halt alle Rückenprobleme zu haben …

Ist eben sehr *sozial* dieser Bezirk…

Noch stehe ich aber am Absatz der Treppe, greife schon mal in meine Tasche, um mein Portemonnaie herauszuholen, muss jedoch feststellen, dass ich's vergessen habe.

Noch mal in die Wohnung? Ach was, so weit ist es nicht, weiß auch gar nicht, wie ich überhaupt auf den Gedanken mit der U-Bahn kam. Wohl aus Gewohnheit.

Mache also kehrt und laufe den Kleinen vor mich herschiebend in die entgegengesetzte Richtung zum Kottbusser Tor.

Bettler säumen sitzend den Bürgersteig. Der Großteil meist baltischer Herkunft und heute fast ausnahmslos mit fehlenden oder verstümmelten Körperteilen.

Der andere Teil besteht aus deutschen Punks. Vor ein paar Tagen sah ich einen von ihnen am Boden vor Reichelts Eingangstür sitzen.

Plötzlich klingelte es in der Punkjackentasche. Blöde Handys!

Zumindest für ihn und in diesem Moment.

Na ja, dumm gelaufen. Auf dem Rückweg war er dann auch weg. Aus welchem Grund auch immer.

Ich weiß manchmal nicht, wem man von diesen Leuten trauen kann, und wem nicht. So traurig es sich auch anhören mag.

Die Bürgersteige sind überfüllt mit Menschen. Da ist es schwer, mit dem Kinderwagen voranzukommen. Ob der heutige Markt der Hauptgrund für diese Fülle ist?

An Geschäften gibt es hier längst nicht mehr so viele wie früher. An jedem dritten Schaufenster prangt ein „Zu vermieten" oder „Zu verkaufen"- Schild.

Irgendwie riecht es immer stärker nach den Anfängen von Verslummung …

Die neu geöffneten Geschäfte verkaufen einzig diesen „NUR 99 CENT" – Kram, schließen jedoch stets nach spätestens einem halben Jahr wieder.

Tja, die Läden, die es hier gibt: Viele Döner-Buden, Spielhallen, Sex-Shops, Bäckereien, Handy-Läden. Und davon noch und nöcher.

Aber diese Geschäfte sind die ganze Woche

über hier und kein Grund für diese Menschenmengen.

Vielleicht ist auch die sichere Abwesenheit der Polizei ein Grund.

Das lockt zu „Wochenmarkt Jugendtreffs", wo man mal so richtig den BMW-Motor raushängen lassen kann.

Irgendwie ein Phänomen: Türkische Jugendliche fahren fast ausnahmslos 3er BMW. Jedenfalls ist es für mich sehr auffällig. An Tagen wie diesem wird das Prachtstück ausgeführt und in zweiter Spur, oder Hauptsache leicht bemerkbar, geparkt. Wenn möglich wird das Verdeck zurückgefahren, um in den vollen Genuss von 300 Watt türkischem Roy Black kommen zu können. Nachdem die Motorhaube geöffnet wurde, bildet sich schnell eine Traube um den Bug des Fahrzeugs.

„Eifersüchtiger Knecht!", beschimpfe ich mich selbst kurz in meinem Kopf.

Allerdings nur ganz kurz.

Jedenfalls stehen alle vor dem Fahrzeug und blicken andächtig auf den zahnbürstenpolierten Motor. Dabei schwingen die Bewunderer bedächtig mit einer Hand hin und her, schaukeln die High-Tech-Handys liebevoll im Wind.

In der anderen Hand spielen die Finger mit einem Gebetskettchen. Sollte jemand eine Hand frei haben, so muss er sich damit begnügen, sein goldenes Halskettchen zu liebkosen.

Oder bedeutsam auf Teile des Motors zeigen. Ich werde diese Art des „Zeigen-was-man-hat"-Denkens wohl nie begreifen.

Laut sagen sollte man besser nichts in der Richtung. Und schon gar nicht lange hinsehen! „Ich mach dich Messer!" ist leider eine häufig verwendete Redewendung.

In zahllosen Variationen.

Tut mir leid, aber das ist zumindest ein Teil der negativen Seiten meiner Erfahrungen. Es gibt natürlich auch genug andere, positive Beispiele, die mir im Moment nur nicht durch den Kopf gehen.

Aber die deutschen Sprachkenntnisse der Türken sind nun mal definitiv auf einem Stand von Anno Zopf geblieben.

Eine: „Tut mir leid!" Beschönigung für diese Erfahrung kann ich mir an dieser Stelle sparen. Der Berliner Senat hat unlängst mit einer neu eingeführten Studie an Kindern belegt, dass mein Gedanke nicht nur eine subjektive Empfindung ist. Wobei die Kinder ein Beleg dafür sein dürften, dass sie zu Hause vornehmlich kein Deutsch sprechen. Wer sich jetzt allerdings in seiner Meinung über die Sprachkenntnisse bestätigt sieht, sollte nicht vergessen, dass die deutschen Kinder nicht weit hinterher hinken …

Mittlerweile habe ich mich bis zur Kottbusser Brücke durchgekämpft.

Auf dieser Seite noch das Maybach-, auf der anderen das Paul-Lincke-Ufer.

Am Maybachufer zieht sich der türkische Markt entlang.

Und wie bereits erwähnt findet dieser Markt zwei Mal in der Woche statt, am Dienstag und am Freitag. Dann kann man dort frisches Obst

und Gemüse kaufen, türkische Spezialitäten, Tuch, Brot und natürlich auch allerlei Sinnloses. Ohne das negativ zu werten!
Er ist sehr beliebt und darum immer sehr voll.

Auf der Brücke stehend schaue ich nun zum Paul-Lincke-Ufer hinüber, während Fabian interessiert auf Enten und zwei Schiffe blickt. Auf dieser Uferseite sind die Szene-Cafés. Alle sehr einladend mit Terrasse und Blick aufs Wasser. Eigentlich sehr schön, jedoch auch mit schön „szenigen" Preisen.
Entlang beider Uferseiten kann man toll spazieren gehen. Man entdeckt Flecken von Grün, die man hier sicher nicht erwarten würde.
Überhaupt lebt es sich hier zwar ziemlich zentral „hauptstädtisch", aber man braucht keinen langen Fußweg, um in den nächsten Park zu gelangen. Klasse!

Ein paar türkische Frauen haben sich vor dem Lidl-Supermarkt, auf dem Kottbusser Damm hinter der Brücke, getroffen und palavern. Dabei eine schier undurchdringbare Mauer auf dem Bürgersteig bildend.
Alle sind sie von oben bis unten fett in Tücher eingeschnürt.
Es kommt mir vor, als würde man hier einen weiteren Teil eines Star Wars Science Fiction-Films drehen, in dem lauter geklonte Darth Vaders vorkommen. Wenn es sich auch etwas respektlos ihrem Glauben gegenüber anhört.
Überhaupt scheinen sich unter den Türken in

Berlin alle zu kennen.

Unterwegs sieht man überall sich zuwinkende und hupende, sich begrüßende Türken.

Manchmal nervig, obwohl ich diese Art von Zusammenhalt bewundernswert finde.

Doch ich war an meinem „Problem" noch nicht vorbei. Nur gut, dass Berlin über so breite Bürgersteige verfügt …

Nicht nur, weil diese türkischen Treffen immer mitten im Weg stattfinden, auch wegen der Körperfülle, mit der viele Türkinnen aufwarten. Keine Ahnung, warum das so ist.

Na ja, man hatte mich bemerkt und bildete eine Gasse, um mich und die sich hinter mir gebildete Schlange passieren zu lassen. Alle freuten sich über Fabian; einige strichen ihm über das blonde Haar, andere lieferten sich mit ihm ein Wettgrinsen. Bei all ihrem für mich seltsamen Aussehen und eigenartigen Gebräuchen, die mir eigentlich ziemlich schnurz sind, die Deutschen könnten sich wirklich von ihrer Freundlichkeit etwas abgucken.

Die Kottbusser Brücke hab ich nun hinter mir gelassen und mit ihr das Resultat des „Zeigen-was-man-hat"- Denkens.

Die Brücke dient nämlich als Gebrauchtwagenmarkt. Meist relativ neue BMWs findet man hier…

Die Bürgersteige werden hinter dem Paul-Lincke-Ufer noch etwas breiter und ich kann nun auch schon die Hochbahn erkennen. Hier ist es etwas ruhiger auf der Straße und dem Bürgersteig. Vor vereinzelten türkischen Cafés sitzen Gruppen von Männern, trinken in aller Ruhe Tee, spielen Karten oder unterhalten sich. Und winken Fabian zu, sobald sie bemerken, dass er sie angrinst.

14:45.
Wir sind am U-Bahnhof Kottbusser Tor angekommen. Über mir donnert die Hochbahn quietschend in Richtung Osten. Ein paar Stationen bis zur Oberbaumbrücke, einem ehemaligen Grenzübergang.
Die Gegend am Kottbusser Tor ist absolut ungeeignet, um sich in aller Ruhe umzusehen. Nachts würde ich sogar einen großen Bogen machen.
Seit Jahren dient ein Platz an einem der U-Bahnausgänge als Treffpunkt für den *abhängigeren* Teil der Bevölkerung. Bereits morgens wird hier das flüssige Brot in die Mägen gepumpt. Und das ist sicherlich nicht die einzige Droge, derer man hier fündig werden kann. Schlimmer noch der Platz vor Eisdiele und Supermarkt: Von früh bis spät kreisen hier Bier und ähnlich geistige Getränke. Wenn man dort entlang muss: Kopf gesenkt halten, „Ansprachen" ignorieren. Dann geht`s meist gut.
Alles andere steht dann am nächsten Tag in der Zeitung - und die Alkis wieder hier. Aber tagsüber kommt man meist gut durch.
Ja, die paar Straßen hier sind einzig den Deutschen vorbehalten. An Ampeln Autos *auflauernd*, um sich durch Scheibenputzen

Bares für die nächste Halbliterdose zu verdienen. Na ja, ganz ok. Wenn's nur nicht an jeder Kreuzung so wäre ...
Etwas übertrieben, ständig seine Scheiben putzen zu lassen.
Die, die nicht putzen, sitzen auf der Straße - neben einem obligatorischen Hund. Ob man vielleicht ein paar Euros übrig habe. Selten, dass ich einen von den jüngeren Leuten richtig verstehe. Sprachtechnisch. Sie verwenden seltsame Wörter in ihren Sätzen. Aus „ch" , „ss" und „ß" zum Beispiel wird generell „schschsch". Am vermeintlichen Ende eines Satzes wird stets: „Alter!" gesagt. Wahrscheinlich steht das für Punkt. Satzende. Sehr schwierig. So schwierig, dass ich die Türken oft besser verstehe...
Tiefstes SO 36 -Stadtteilbezeichnung!

Ich schiebe den Kinderwagen weiter die Adalbertstraße hinunter, rechts auf die Waldemarstraße und schließlich zum Mariannenplatz. Auch hier ist nichts mehr von dem zu spüren, worüber die Gruppe um Rio Reiser, Ton Steine Scherben, einst Hymnen schrieben.
„Keine Macht für niemand!", oder passender für diesen Platz wohl: *„Mensch Meier!"*
Zerbrochenes Glas findet man nur noch auf Spielplätzen. Randale der Randale wegen.

Klar, man kann hier im Kiez immer noch alles zu fast jeder Zeit bekommen. Hat man zu später Stunde Lust, findet man immer die eine

oder andere offene Kneipe, etwas zu essen,
oder jemanden zum Reden.
Ein komisches Gefühl macht sich bei diesen
ganzen Gedanken in meinem Bauch breit,
welches sich nur schwer beschreiben lässt. Die
Menschen hier sind im Laufe der Zeit sehr viel
aggressiver geworden. Die, die keine Arbeit
haben, treibt es zum Teil in die Kriminalität.
Oder an die Flasche. Diejenigen, die genug
Geld haben, ziehen in einen anderen Bezirk.
Weniger Kaufkraft, mehr Geschäftspleiten.

Punkt 15:00.
Wir sehen Christine schon von Weitem. Fabian
fängt an zu zappeln und zu juchzen und ich
gehe automatisch etwas schneller.
Nein, noch nie habe ich bisher einen Gedanken
daran verschwendet, ob sie und ich nur noch
aus Gewohnheit zusammen sind.
Meine Liebe zu Kreuzberg dagegen hat den
Wendepunkt bereits erreicht.

Nachtrag:
Bitte bedenken, dieser Text entstand seit 2002,
zeigt also nicht unbedingt die aktuelle Situation
auf. Gerade, was zum Beispiel die
Sprachkenntnisse angeht, haben die Deutschen
deutlich Boden verloren ...

Stangerbad

„Wart`s nur ab!", pflegte meine Oma zu sagen, wenn ich mit Stirnrunzeln ihre *stockenden* Bewegungen verfolgte.

„Sie sollte einfach öfter mal spazieren oder zumindest aus dem Haus gehen", dachte ich bei mir, hatte es ihr aber auch schon öfter nahegelegt.

Nun, in der Blüte meiner Jahre, als ich mich kriechend Richtung Bad bewegte, musste ich an diese Diskussionen denken.

Und bei meinem Tempo hatte ich alle Zeit der Welt, es würde noch dauern, bis ich dort war. Einen Gedanken daran zu verschwenden, wie ich in meinem Zustand die Toilette erklimmen sollte, schien mir zu diesem Zeitpunkt etwas gewagt.

„*Übermäßige Abnutzung der Wirbelsäule*", hatte der Arzt mir bescheinigt.

Und: „*Etwas Pech bei einer ruckartigen Bewegung.*"

Zum Klo habe ich es nicht mehr geschafft. Aber ich erspare Ihnen weitere Details dazu, wie auch Details über das allgemeine nicht Zurechtkommen in der Wohnung während meiner Leidensphase.

Viel interessanter war eine der Therapiemaßnahmen, die mir aber auch nur im Nachhinein gut genug zum Erzählen scheint.

10 Mal wurde ich zum „Stangerbad" verdonnert.

Dem geneigten Leser sei dieser kleine *Internet-Beipackzettel* ans Herz gelegt:

*elektrisches Gleichstrom-Vollbad
(Mineralwässer; evtl. mit Zusatz, v.a.
Gerbstoffe; 36–37 °C) in einer Wanne mit
eingebauten großen Elektroden u. beweglichen
Elektroden für variable Quer- u.
Längsdurchströmung des Körpers (z. B.
„Lumbalplatte"). Anw. z. B. bei schmerzhaften
Zuständen des Bewegungsapparates.)*

So wurde ich also zum ersten Mal im
Krankenhaus vorstellig und bekam eine
Umkleidekabine zugewiesen. Dort sollte ich
mich entkleiden und mich, einzig mit einem
Handtuch bewaffnet, zur Wanne begeben.
Ein lustiger Marsch von ca. 50 Metern ...
Ich strippte lustlos und, soweit es mein Rücken
zuließ, in gesteigerter Zeitlupe vor mich her,
schlang das Handtuch, welches diesem Zweck
offensichtlich nicht dienlich sein wollte, um
mich herum, schloss die Kabine ab und latschte
in Richtung meines Ziels.
Und irgendwann stand ich dann vor diesem
Ungetüm von *Wanne*, welche mir angedacht
war.
Schätzungsweise 3 – 4 Mal größer als eine
normale *Wohnungs-Badewanne*, randvoll
gefüllt mit Wasser, Nährstoffen, STROM!
Nach einem Moment der inneren Überwindung
entfernte ich das Handtuch und eine nette
Dame half mir die Stufen zur Wanne herauf -
und hinein.
Sagte noch kurz etwas zum Prozedere,
während ich hilflos in den wogenden Fluten
versank ...

Liegt man erstmal in dieser Wanne, fühlt man sich wie im Toten Meer – man schwebt förmlich im Wasser.

Nur das ich dieses „*vom Wasser getragen werden*" für meinem Fall und in diesen Momenten als eher weniger motivierend empfand.

An der Innenseite der Wanne waren Elektroden befestigt, die einen Strom durch Wanne und Körper jagten. Man musste also während des „Getragen-Werdens" ständig Obacht haben, nicht gegen diese Elektroden zu stoßen. Zumindest sagte man mir, dass ich vorsichtig sein solle. Selbst als Skeptiker kam ich nicht auf den Gedanken, es zu überprüfen, so, dass ich Ihnen den Wahrheitsgehalt dieser Aussage schuldig bleiben muss.

Und glauben Sie mir, selbst ohne mein Handicap, bei jeder Bewegung Schmerzen zu verspüren – auch ein funktionstüchtiger Körper hätte seine Probleme in diesen Wassermassen gehabt!

Vielleicht wäre ich ja damit noch klargekommen – mit meiner sozusagen *vollkommenen Körperkontrolle* …

Jedoch befanden sich im Zeitraum meiner Therapiemaßnahme reichlich Praktikantinnen / Auszubildende im Krankenhaus, denen man am praktischen Beispiel - für einen jeweils relativ kurzen Zeitraum - das Stangerbad vorführte. Also das Stangerbad - mit mir drin.

Da lag ich nun splitternackt in dieser Wanne, kaum einer Bewegung fähig, beobachtet von sechzehn Augen blutjunger Mädchen nebst *meiner* „netten Dame", die scheinbar die

128

Einzige war, der die Situation vollkommen egal war.

Tja, was fängt man an als badender Nackter, umringt von verschämt grinsenden Mädchen? Ehrlich gesagt versuchte ich mit allen Mitteln, mich nicht an der Beantwortung zu versuchen. Ich erging mich in endlosem Geplapper. Über Gott und die Welt. Im Hinterkopf behaltend, nicht an die Elektroden zu stoßen, einfach weiter zu erzählen und unbedingt an eiskaltes Wasser zu denken.
Es ist nicht übertrieben, wenn ich mich als Erfinder des „Small Talks" bezeichne …
Aber ob dies alles nun wirklich peinlich war, oder nicht - wie lächerlich erscheinen mir heute diese paar kurzen Momente der Scham. Verglichen mit den knappen Jahrzehnten, die sie her sind. Nur noch eine verblassende Erinnerung.
Zeit kann etwas Furchtbares sein.
Inzwischen sind meine Oma und viele andere bereits gestorben und ich muss an ihre Worte denken, dass das Alter nicht vor dem Altern schützt.

Übrigens – nach Abschluss dieser Therapiemaßnahme nahm mich die „nette Dame" zur Seite und teilte mir verlegen mit, dass es nicht üblich sei, ohne Badehose ins Stangerbad zu steigen …

Straßenkampf

Vorweihnachtszeit.

Es ist kalt, auch wenn es ein wenig wärmer geworden ist; die leichte Schneedecke auf den Straßen ist dabei, sich zu verwässern.

Außerdem ist es neblig und noch nicht richtig hell.

Ich trete aufs Gaspedal und die Reifen fressen sich durch das davon spritzende Wasser.

Immer wieder blicke ich in die Spiegel; zu leicht lässt sich bei diesem Wetter etwas übersehen.

Im Rückspiegel sehe ich zwei Lichter schnell auf mich zukommen.

Viel zu schnell.

Bald kann ich die Augen der Fahrerin erkennen, schemenhaft – die Scheiben ihres Wagens scheinen von innen beschlagen zu sein.

Lustig baumelt eine übergroße Engelsfigur an ihrem Innenspiegel und möchte wohl die Feiertage einläuten.

Bin etwas abgelenkt, schaue nach vorn auf die Straße, dann wieder in die Spiegel.

In den mir entgegenkommenden Autos sehe ich, dass man auch dort die Scheiben im Innenraum nicht vollständig frei bekommt.

Die Frau im Wagen hinter mir scheint mir im Spiegel direkt in die Augen zu schauen, schüttelt den Kopf. Ihre Mundwinkel sind nach unten gezogen.

Schaue auf meinen Tacho – ich fahre schon viel zu schnell!

Denke, das muss sie doch merken, dass sie viel zu dicht auffährt …

Wohl nicht.

Sie schlägt rhythmisch gegen ihr Lenkrad.

Es ist ja nicht mehr weit.

Warum hetzt sie so?

Die Lüftung ihres Wagens bläst langsam den Beschlag von ihrer Scheibe.

Ich erkenne schemenhaft ein Kind auf Ihrer Rückbank. Es ist ja gar nicht angeschnallt!?

Gleich ist es geschafft.

Die Scheibenwischer arbeiten unentwegt die Feuchtigkeit von meiner Autoscheibe.

Mein Kind auf dem Rücksitz fängt an, etwas zu erzählen.

„Gleich, mein Kleiner!"

Ich habe ein schlechtes Gewissen, das Tempo meines Wagens ist entschieden zu hoch. Das ist der letzte Tag, an dem ich mich derart hetzen lassen werde.

Jeden Tag das gleiche Spiel, jeden Tag ein neues Gesicht in meinem Rückspiegel.

Nein, nicht auf der Autobahn.

Sondern bei Tempo 45, wo 30 erlaubt sind.

Das ist nicht witzig, auch, wenn es sich nach wenig anhört.

Auf dem Weg zur Schule, wo einige Kinder noch recht unbedacht über die Straße laufen.

Dunkel, nass, rutschig.

Ab morgen sind Schulferien.

Vielleicht bekommt der eine oder die andere mal ein paar Auffrischungsstunden zum heiligen Fest.

Auch ich.

Letzte Worte

„Jetz seita alle janz stille und kiekt mir an.
Mensch Rinne! Ick weeß jarnich, watt ick sagen
soll - kennst mir ja.
Biste wieder Erster, wa!
Nu soll ick für die Kumpels watt sagen. Hab ick
vasprochen!
Weeßt ja, kommt vom Herz!
Sind ooch alle hier. Trude ooch. Die heult `n
bisschen.
Nu liegste da, hab jarnücht vorbereitet ...
Unsa Straßenmeester ...
Haste imma allet jewusst.
Wo wa hinmüssen, wo wa mal `ne Stulle
kriegen.
Krikt man ja ooch Hunger von die janze Tach
rumlatschen. Und die janze Zeit kieken und die
juten Sachen sammeln.
Weeß ick noch – anne Bude von dir. Wenn
keener jekiekt hat, haste abjeräumt. Immer
noch halbvolle Dosen von dett Pullawasser
jefunden. Oder mal `n Kurzen, den se vajessn
ham. Ooch öfters ne schöne warme Curry von
die Schlipsträger, wennse schnell wech
mussten.
Muss ick jetz `n bisschen lachen, Rinne. Fällt
mir jetz ein, wie wa Kalles Geburtstach jefeiert
ham. Haste imma allet jut orjanisiert Rinne!
Sind imma alle jekommen. Allet wiede jesacht
hast.
Schön gesungen ham wa. Und `n leckeret
Tröpfchen hatt`n wa.
Weeß jarnich, wie ditt wird ohne dir ...
Ham wa alle noch so viel Kram, von watt wa

dir bringen sollten.

Mann Rinne, watt haste denn jemacht mit die janze Kram? Haste heimlich vakooft, watt!

Warste ja ooch fast `n feiner Herr …

Na ejal, musstest ja ooch imma für uns alle mitdenken, wa!

Jetz hab ick ja doch so viel jeredet.

Ick gloob, wir jehn jetz ma.

Die Trude is jetz mit mir.

Nücht für unjut, Rinne. Du kannst ja nich mehr, wa! `N schönen Jruss von ihr soll ick dir noch sagen! Biste ja nich sauer wegen, wa!

Na denn machs ma jut Rinne!

Wir jehn ma jetzt!

Stationen

Als ich in die Bahn stieg, war sie schon gerappelt voll wie eine Sardinendose. Beim Platz Erkämpfen inmitten der anderen Sardinen bemerkte ich diesen seltsamen Mann, der in einer der Ecken an der gegenüberliegenden Tür stand.

Oft ordnet man ja Menschen spontan, ohne genauer darüber zu sinnieren, in bestimmte Kategorien ein. Und mein erster Gedanke war „geistig defizitär".

Er möge mir verzeihen.

Der Typ stand also in dieser vollen U-Bahn, hielt eine kleine Kamera in der Hand und filmte längs des Ganges. Dabei sprach er laut, schwülstig und sporadisch einige Sinnsprüche in ein wahrscheinlich für mich nicht sichtbares Mikrofon.

„So viele Leute, so wenig Platz."
„Strandsand vom Sandstrand!"
„So viel Geld, so viele Arme."
„So viele Menschen, so wenig Gespräche."

Ok, dachte ich bei mir. Und war mit diesen Gedanken sicher nicht allein: Der hat schon mindestens einen bis zwei kleine Sockenschüsse ...

Offenbar versuchten ihn alle zu ignorieren, scheinbar war er ja ansonsten harmlos. Während er weiter brabbelte und filmte, schauten die Enggedrängten wartend in die Luft, aufs Handy oder redeten leise miteinander. Als zwei Stationen später ein Musiker in den Waggon stieg, wurde es fast zum Happening. Entziehen konnte man sich alldem jetzt irgendwie nicht mehr, Wegschauen und Weghören war unmöglich geworden.

Ausnahmsweise war der zugestiegene Musiker einigermaßen talentiert und begann trotz des Gedränges im Wagen zu spielen und zu singen. Die Leute hörten tatsächlich zu, zumal der wohl selbstgeschriebene Text auch noch recht lustig war.

Viele fingen an zu lachen und die Stimmung in der Bahn änderte sich schlagartig ins Positive. Als er fertig mit dem Lied war, riefen ihm die Leute Danksagungen zu, während ein Hut herumging, in dem sich klimpernd Münzen sammelten. Der Typ mit der Kamera sprach natürlich auch ein paar Worte zu dem Musiker: „So viele Musiker, so wenig Musik!"

Ist dann sozusagen doch noch eine interessante Fahrt geworden.

Wahrscheinlich konnte ich die Situation nicht annähernd so beschreiben, wie ich sie erlebt hatte. Trotzdem war sie mehr oder weniger Auslöser für diesen Text.

Gerade hier in der Berliner U-Bahn kann man so abstruse Situationen beobachten, so abstruse Typen, dass es mir Wert schien, darüber mal ein paar Worte zu verlieren. Also hab ich eine Woche Abenteuer zusammengefasst zu einem Tag, auch wenn sich das etwas überzogen erlesen wird.

Nicht wundern: Es gibt einige Textüberschneidungen mit anderen Titeln, da dieses Buch nicht so geplant war, wie es jetzt erschienen ist.

Der Frühdienst ruft.
Nach dem Donnergrollen der Weckapparaturen und der ersten Freude, immerhin wieder wach geworden zu sein, folgen - wie sicher bei jedem anderen auch - Morgenrituale und Restaurierungsversuche.
Das Gefühl, verschlafen zu haben, was meist mehr als nur ein Gefühl ist, drängt mich wie jeden Morgen zur Eile.
Schnell die koffeinhaltige Morgenbrühe hinuntergestürzt, schnell alles Körpereigene dorthin sortiert, wo es hingehört und schnell die Umhängetasche mit allem zum Überleben in den nächsten Stunden Notwendigem gepackt: Sorgsam bereits am Vorabend bestrichene Schnittchen, den Kaffee erst in die Thermoskanne, diese dann in eine Jutetasche - als Schutz vor jederart Leckerei in der Tragehilfe. Genau DER Grund, warum ich meine Tasche auch liebevoll „kleiner Kannenkatheter" nenne ...
Aber genug mit derlei Bekosungen.

Auf dem Weg zur U-Bahn die obligatorisch, wöchentliche Begegnung mit dem verbitterten Rentner, der, scheinbar swingend schwingend, mit seinem hölzernen Gehstock bewaffnet, durchaus als hartnäckig liegend zu bezeichnendes Papiergedöns vom Gehweg zu befördern versucht und dabei – seine Gehhilfe zweckentfremdet natürlich nicht unterstützend zur Verfügung stehend - derart wild mit seinem anderen Arm rudert, dass man geneigt ist, sich auf die andere Straßenseite zu retten.
Das war mein langer Quotensatz.

136

Ich liebe solche Sätze …
Gehe trotzdem auf derselben Seite weiter,
ducke mich dabei den Schwingungen
ausweichend Meter für Meter voran.
Und in mir gebiert der Gedanke, des Nachts
unter dem Mantel der Finsternis die Straße
abzuschreiten und kleine Papierfetzen am
Boden festzutackern.

Ein Blick aufs Handy - diese mysteriöse,
eierlegende Wollmilchsau: kurz vor sieben Uhr.
Noch gerade genug Zeit an diesem frühen
Sommermorgen, auf dem Weg zum U-Bahnhof
Alt-Tempelhof, genüsslich meinem
Zigaretten-Laster zu fröhnen. Hoffe natürlich,
dadurch nicht „früher" zu sterben …
Also eine fürsorglich vorgedrehte Zigarette aus
dem Tabaksbeutel gefischt und entfacht.
Vorbei an den Kleingärten, in denen man
mitunter bereits zu dieser frühen Stunde schon
kleine, oberkörperfreie, runzelige Männchen in
Jogginghosen sehen kann, die eifrig Treibgut
von einer in die andere Ecke ächzen, vorbei am
Park, dem ständig geschlossenem
Schwimmbad, welches eigentlich nur für
Vereine offen hat, der Polizei, …
Auf dem Rasen vor dem Büchereigelände
erwarten mich immer um diese Uhrzeit - oder
aber auch, wenn ich abends von der Bahn
komme - zwei Hasen, die wetteifernd über den
Platz jagen.
Köstlich!

Also hinab in den Untergrund und fast auf
die Minute genau um 06:57 in die Bahn.

Wenn ich nicht gerade kurz vor dem Umkippen bin, bleibe ich meist an einem der Eingänge stehen. Sitzen *steht* bei meinem Job ja den ganzen Tag an.

Erster Stopp: **Tempelhof**. Irgendwie ein genauso langweiliger Bahnhof wie meine Heimstation. Auch, wenn sich ein Aufstieg zur Straße durchaus lohnt.

Hier und an weiteren Stationen kommt man zum Flughafengelände, oder hat Anschluss an die S-Bahn - ein Umsteigebahnhof zur Ringbahn, mit der man die Möglichkeit hat, mit nur einem Fahrschein ein Mal um Berlin herumfahren zu können.

Meist füllt sich die U-Bahn natürlich an diesem Bahnhof besonders heftig, was manchmal zu bedrückender Enge führt, einen oft jedoch vor Augen führt, dass man selbst so schräg gar nicht sein kann, wie man glaubt, ob der Skurrilität mancher Reisender.

Heute betritt unter anderem eine ca. 19jährige Schreckschraube *meinen* Waggon.

Dass sie furchtbar beleibt ist, mag an den Genen liegen und ist an sich nichts, worüber ich mich schreibtechnisch auslassen würde.

Aber sie betritt bereits telefonierend den Wagen, LAUT telefonierend! Und das mit einer furchtbar schrillen Stimme. Die Haare sehen so aus, als hätte ich meine wöchentliche Haardezimierung mit einem Mal zusammengefegt und mir auf die noch nicht völlige Glatze geleimt.

Die Klamotten hat sie sich scheinbar auf dem Weg zur Bahn aus einem Altkleider-Container gesammelt, als sie beim Telefonieren merkte,

dass ihr selbst das Kleingetier auf dem Weg ausgewichen ist. Bei der speckigen Jogginghose dachte sie sicher bereits an ein Mittagessen, so viel, wie dort noch an Essensresten zu kleben schien.
Fehlte nur noch ein Aufdruck auf den Klamotten: Guter Geschmack macht einsam ... Boah ... und inmitten dieser angeklatschten Haare das Handy.
Scheinbar *sprach* sie mit einer Freundin. Berichtete von einem Typen, den sie, oder der sie, nachts aufgegabelt hat. Es gab wohl Körperflüssigkeitsaustausch und sie war sich unsicher, ob sie sich etwas eingefangen hatte. Der Typ hatte sie wohl nach seiner Leerung und dem Stelldichein wieder verlassen und ihr morgens um 04:30 eine SMS geschickt.
„Oh je!", dachte ich, jetzt hat jeder die Nummer des anderen!
Mehr kam dann jedoch an Informationen für die Fahrgäste nicht mehr. Soweit sie sich einigermaßen artikulieren und ich es verstehen konnte, wiederholte sie nur ständig alles. Gehe mal davon aus, dass ihre Freundin sowieso schon wieder eingeschlafen war.

Während sie weiter in ihr Telefon würgte, hielt der Zug **Paradestraße**.
Hier kommt man auch zum Tempelhofer Flughafengelände, der sogenannten Tempelhofer Freiheit. Ein riesiges, ehemaliges Flugfeld, über das ich hier im Buch - wen es interessiert - auch einen kurzen Text geschrieben habe. Inzwischen wird das Feld auch als Flüchtlingsanlaufstelle genutzt.

Platz der Luftbrücke dürfte wohl jeder schon mal gehört haben. Auch hier der mögliche Aufstieg zur Freiheit. Schnittstelle zwischen Kreuzberg und Tempelhof, auch fast Schöneberg und Neukölln. Früher hieß der Bahnhof „Kreuzberg".
Während der Blockade West-Berlins diente der Flughafen dem Transport von Verpflegung und Gütern für Berlin per Flugzeug.
Das Luftbrückendenkmal - die Hungerkralle - zeugt von dieser Zeit.
Hier um die Ecke, am Columbiadamm, durfte ich mein erstes Tori Amos Konzert besuchen.

   Am Beispiel des U-Bahnhofs **Mehringdamm** beschreibe ich mal kurz das Platzverhalten der Berliner. Und was sonst noch so an Touristen und Zugereisten rumkreucht und -fleucht. Dieser Bahnhof ist ein größerer Umsteigebahnhof und verbindet die Linien U6 und U7, sowie natürlich diverse Buslinien. Typischerweise befinden sich in den U-Bahnen viele Dreier-Bänke, seitlich zur Fahrtrichtung, oder sich nahe gegenüberliegende Zweier-Bänke, in, bzw. entgegen der Fahrtrichtung. Letztere werden immer zuerst diagonal belegt, wobei der Fensterplatz leichte Priorität hat. Der Platz daneben wird mit einer Tasche oder Ähnlichem unzugänglich gemacht und damit zum eigenen Einzugsgebiet erklärt.
Auf den seitlichen Bänken werden die Ecken so belegt, dass in der Mitte niemand mehr Platz findet. Stets darauf achtend, keine Absicht dahinter vermuten zu lassen.
Bei beiden Varianten hilft nur das Aufzeigen

des Platzbegehrs mit Nachdruck.

Nachdem man sich sortiert hat, sind wir auch schon **Hallesches Tor**. Hier muss ich umsteigen - in die Hochbahn.

Den Großstädter erkennt man unter anderem daran, dass er trotz des meist 4-Minuten-Takts der Bahnen immer panisch rennt, um den nächsten Zug noch zu bekommen.

An meinem Umsteigebahnhof verhalte ich mich jedoch genauso, wie viele andere, und eile lediglich stechenden Schrittes die ewig langen Gänge und Stufen entlang der Linie 1 entgegen.

Die Züge auf dieser Hochbahn sind schmaler, als die „normalen" Wagen und ziehen ca. 8 Meter über dem Boden mit gefühlten 5 Metern Abstand zu den Häusern zwischen den Wohnblöcken vorbei.

Diese Linie reicht von der Warschauer Straße bis zur Uhlandstraße.

Mit mir zusammen beherrscht auch eine junge Frau meinen beschleunigten Lauf und so ergibt sich daraus ein kleiner, mit einem Schmunzeln begleiteter Wettlauf. Wir sind beide gleichauf in unserem Wahn, als sie sich dazu entschließt, noch einen Zahn zuzulegen.

Ich selbst war noch nie in der Situation, mich beim Tragen eines Kleides beschleunigten Schrittes bewegen zu müssen, offensichtlich wird mir jedoch, dass dies seine Tücken haben kann.

Durch ihre heftigeren Laufbewegungen springt ihr eine der Brüste aus dem Kleid. Na ja – halb so tragisch. Ist ja nicht so, dass ich das erste

Mal eine unbewaffnete Brust sehe. Natürlich schaue ich weg …
Jedenfalls bekomme ich meine Bahn noch, während sie sicher noch fluchend am Treppenabsatz steht und am Sortieren ist.

Ich sitze nun in der Bahn Richtung Warschauer Straße und schaue auf die Amerika-Gedenkbibliothek. Dort war ich früher sehr oft, in jungen Jahren. Mit dem Fahrrad. Um dann entweder Unmengen an Büchern auszuleihen, oder mir in einer der schalldichten Kabinen knalllaute Musik anzuhören.
Nicht weit entfernt ist hier das Jüdische Museum, wo ich leider noch nicht war.

Übrigens, nicht dass Sie nach den paar Sätzen zur Brustbeglückung denken, U-Bahn fahren in Berlin sei erotisch:
Ein an die Tür gelehnter Angetrunkener in meinem Waggon schneuzt in sein Taschentuch, faltet es anschließend leicht taumelnd auseinander und erfreut sich der klebrigen Masse in schillernden Farben, die ihn so gern verließ.
Oder bewegt es sich vielleicht noch, dass er es so fasziniert anstarrt?
Ob ich ihm sagen sollte, dass es sehr wahrscheinlich nicht nach Suff schmeckt?
Er nimmt mir die Entscheidung ab, indem er **Prinzenstraße** aus dem Zug fällt.
Hier in der Nähe ist das Prinzenbad, wo er sicher nicht hin will. Ein großes Freibad, in dem sich vor allem ausländische Besucher profilieren und es sporadisch zu Schlägereien

kommt.

Schade ums Freibad, denn ich geh dort sicher nicht mehr hin.

Schlimmer geht es nur an der Station **Kottbusser Tor** zu, obwohl dort kein Freibad ist.

Dieser Platz, der U-Bahnhof und der auf den Bahnhof zulaufende Kottbusser Damm werden im Berliner Volksmund auch „Kotti" genannt. SO36 wird damit auch in Verbindung gebracht. Der Platz gilt als einer der Hauptumschlagplätze für harte Drogen in der Stadt und natürlich bekommt man dort auch weitere benebelnde Dinge.

Wenn es nicht unbedingt sein muss, gehe ich dort nicht auf der Straße entlang.

Immerhin: Am Kottbusser Damm soll der erste Döner verkauft worden sein!

Aber es bleibt hier alles Verkehrs- und sozialer Brennpunkt.

Was man auch im Bahnhof selbst merkt, zumal sich dort fast immer zwielichtige Spielarten des menschlichen Zweibeiners herumtreiben.

Ein Typ in Jogginghose und Pullover steigt ein. Es gibt dieses Vorurteil, dass man denjenigen Menschen, die dem Alkohol stark zugeneigt sind – Säufern – diese Affinität auch ansieht. Jener war so ein Exemplar. Ich bin ja auch nicht vollkommen vorurteilsfrei …

Die Jogginghose: tadellos! Also zumindest für den, der diese Art der Kleidung an solchen Orten und zu jeder Tageszeit mag.

Ein geschmackloses Hemd, Billig-Turnschuhe und ein um den Nacken gelegtes Handtuch runden den Eindruck ab. Das Gesicht hervorragend blankrasiert, aber aufgequollen, gerötete, tiefliegende Augen und eine vernarbte, fette Klumpennase.

Also irgendwie der erfolglose Versuch, etwas anderes zu sein, als man ist.

Er setzt sich auf eine der Bänke in der Ecke und stellt seine geöffnete Bierflasche zwischen den Füßen ab.

Trotzdem er spüren muss, dass ich nicht der einzige bin, der ihn skeptisch mustert, bleibt sein Blick ausdruckslos und desinteressiert.

Als die Bahn anruckt, um sich zur nächsten Station aufzumachen, kippt die Flasche mit dem goldenen Gerstensaft natürlich um. Lustig schaumig bahnt (das ist doch nun wirklich ein gutes Wortspiel, oder!) sich das Nass seinen Weg in den Fußraum zwischen die gegenüberliegenden Sitzbänke. Das laute Klappern der Flasche auf den Boden hat nun auch den letzten Blick der Fahrgäste auf den Protagonisten gelenkt. Während man ihn anstarrt, wartet man gespannt auf die Reaktion des Trottels. Doch der richtet lediglich seine Flasche wieder auf und stiert weiter vor sich hin. Wahrscheinlich denken alle anderen das Gleiche, wie ich. „Na du blödes Schleckermäulchen! Möchtest doch sicher das kostbare Gebräu vom Boden lecken, oder?" Er hört es natürlich nicht und jedem ist klar, dass mahnende Worte komplett sinnlos wären. Die Frau, die ihm gegenüber sitzt, steht auf und wechselt angewidert ihren Platz.

144

Kurz vorm **Görlitzer Bahnhof**, Richtung
Schlesisches Tor, Ecke Wiener Str. ist die
„Omar Moschee". Auf der anderen Straßenseite
die Emmauskirche am Lausitzer Platz.
Ein paar Schritte vom Görlitzer Bahnhof
entfernt gibt es einen sehr bekannten
Hühnchen-Grill. Soll der Beste in Berlin sein.
Und es schmeckt tatsächlich ganz ok. Hab dort
mal was gegessen, als ich zum Minigolf in den
Görlitzer Park gegangen bin. Schwarzlicht-Mini-
Golf in einem kleinen Haus in der Nähe des
Eingangs. Ansonsten ist dies einer der größten
Parks in Berlin und leider auch verschrien, da
sich hier ein weiterer Drogenumschlagplatz
etabliert hat, dem die Polizei nicht Herr wird.

In meinen Waggon ist jetzt ein seltsamer
Kerl mit Hund eingestiegen. Er - der Typ - sieht
aus wie ein Spät-Sechziger, jetzt schon etwas
ranzig und muffelnd, aber offensichtlich gute
Laune habend.
Er fängt an, die Leute einzeln anzusprechen,
macht aber nicht den Anschein, als ob er eine
Antwort erwarten würde.
„Der tut nüscht!", meint er und zeigt auf seinen
Hund, der ihn treulieb anschaut.
„Und satt isser ooch!", fügt er hinzu und lacht
dabei laut.
Er ist wieder so einer, der handverlesene
Sinnsprüche wie: „Niveau ist keine Handcreme"
unters Volk zu jubeln versucht.
Als der Hund anfängt, an einigen der
Herumstehenden zu schnuppern, verfällt er in
eine Art Lobesrausch über seinen Hund.
Beginnt zu erzählen, was sie bereits

gemeinsam durchgemacht hätten, von kühlen Nächten unterm Sternenzelt, oder vom Teilen des Dosenfutters.

Alle im Zug finden Herrchen und Hund durchaus amüsant und freundlich, und so lauscht man auch seiner kleinen Geschichte: „Eenmal sindwa einkoofen jewesen. Also wollten wa jehen. Aba ick darf den Kleenen ja imma nicht mit rinn nehm. Hab ick mir also hinjehockt zu ihm und jestreichelt übern Kopp. Hab ick ihm jesacht, dass ick mal kurz wech muss ohne ihm. Also dass ick mal wech muss und ihm kurz anleinen tu. Mach ick ja sonst nich …

Da hatta mich schon janz komisch anjekiekt. Also hab ick ihm weiter jestreichelt am Kopp und nochn bisschen jewartet. Dann hab ick die Leine um sein Hals jemacht und ihm anjeleint. Noch mal kurz jestreichelt und dann bin ick schnell jejangen. Und also als ick aba im Laden war, stand der Kleene ooch schon gleich hinter mich. Und obbat nu gloobt, oda nich, der hat wirklich ne 6 Meter lange Leine durchjebissen um zu mir nachzukomm."

Die Leute im Zug grinsten. Wahrscheinlich eher wegen der Art des Erzählens.

„Aba", fährt er fort, „ditt wart ja noch jarnisch!"

Kommt jetzt doch noch eine Pointe?

„Eenmal", meinte er, „hat der Kleene sogar mal ne 12 Meter lange Leine durchjebissen!"

Leider musste ich am **Schlesischen Tor** aussteigen, hab die weiteren Reaktionen gar nicht mehr mitbekommen.

Aber ob alle die Pointe mitbekommen hatten,

146

die mit Sicherheit nicht mal gewollt war,
entzieht sich meinem Wissen.
Alles, was ich mir vorstellte, war ein schlauer
Hund, der eine 12 Meter lange Leine längs
durchgebissen hat …

Diese Station ist nicht weit vom Endbahnhof
Warschauer Straße entfernt, dort, wo man sich
noch die Reste der Mauer anschauen kann.
Direkt an der Oberbaumbrücke, an der Spree.
Und hier, direkt um die Ecke vom Schlesischen
Tor, ist das „Lido". Dort war ich unter anderem
zu einem Konzert von Danny Bryant. Eine von
vielen Destinationen, wo ich ihn gesehen hab.
Destination … Was für ein bescheuertes Wort.
Wird jetzt häufig in der Werbung benutzt.
Wollte es auch mal anführen. In einem
Atemzug mit bescheuert.
Und Danny Bryant? Kennen wohl leider nur die
Insider.
Ein begnadeter Blues-Rock-Gitarrist.

Wie auch immer, ich muss ja zur Arbeit,
laufe also die Köpenicker Straße runter. Eine
schmuddelige, insgesamt ca. 2 Kilometer lange
Straße, die parallel zur Spree verläuft. Viele
kleine Geschäfte gibt es hier. Kaffee to go,
Brötchen to go, Versicherungen to go, nur
seltsamerweise keine Schuhe to go.
In der Firma angekommen das übliche Bild.
Das Problem mit den Radfahrern, die ihre
Drahtesel immer am Rand des Weges auf dem
Firmengelände, inmitten des Grünstreifens an
einen Zaun gekettet hatten, hat sich
inzwischen erledigt. Dazu aber in einem

anderen Text mehr.

Erste blöde Überraschung in der Firma: Das Klo ist wegen Bauarbeiten gesperrt.

Oh Mann, denke ich, man könnte uns doch wenigstens unser Wasser lassen …

Laufe weiter, lasse erst einige Franzosen oder Italiener passieren, gehe dann selbst durch die Sicherheitsschranke.

Irgendwie spannend: Hier in der Firma sind so viele Nationalitäten versammelt, dass man sich durchaus mitunter vorkommt wie im legendären Babel.

Viele von Ihnen kann man bereits zuordnen, bevor sie etwas gesagt haben.

Erkennen diese Kollegen die neuesten Trends? Sind sie selbst Trend-Setzer?

Ich glaube eher, sie wurden alle in ihren Träumen von wunderschönen Nymphen heimgesucht. Nymphen der Eitelkeit, die sich einen Jux daraus gemacht haben, den Anfälligen süße Worte ins Ohr zu flöten.

„Glaubst du nicht auch, dass du in Jogginghosen noch sehr viel anziehender wirken würdest!", würden sie gesagt haben. Und ohne Unterlass weiter flöten:

„Lass dir einen Vollbart stehen, das unterstreicht deine männliche Dominanz! Setze eine Strickmütze auf, das ist sooo sexy! Oder binde dir wenigstens ein kleines Zöpfchen, das oben auf deinem Kopf thront! Als kleines Symbol deiner südländischen Potenz!"

Meine Gedanken sind natürlich Unsinn. Und die Auffälligkeiten natürlich reiner Zufall. Genauso könnte ich mich über diese Militärklamotten amüsieren, die einige aus welchem Grund auch

immer tragen. Gewappnet gegen Mückenangriffe vielleicht? Damit sie nicht vom Chef gesehen werden können?
Aufregen über Hosen in Übergröße, die man nur bis kurz übers Knie zieht. Oder kahle Schädel, die den Eindruck rasierter Hoden mit Zähnen machen.
Wahrscheinlich bin ich altmodisch und sitze mit meiner eigenen Frisur im Glashaus.
Und außerdem muss ich jetzt arbeiten und wollte gar nicht über Firma und Mitarbeiter sinnieren.
Hab ja selbst nicht mal ein Tattoo meiner Lieblingsgruppe Led Zeppelin...

Kurz vor Feierabend schaue ich auf die Uhr: 30 Minuten noch.
30 Minuten und 12 Jahre ...
Aber so gut oder schlecht ein Tag auch läuft - irgendwann ist er rumgebracht. Wobei ich hier den Arbeitstag meine, denn bald mache ich mich auf den Rückweg nach Hause.

Am Eingang zum U-Bahnhof **Schlesisches Tor** spielt mal wieder eine Musikgruppe unter den Hochbahnbögen. Die Musik hört sich furchtbar an. Wahrscheinlich werden sie nur wenige der mitgebrachten, selbstgebrannten Scheiben verkaufen können. Man könnte dabei auch von Bandscheibenproblemen sprechen ...
Nichtsdestotrotz wird hier auch oft Musik gespielt, die einen tatsächlich verweilen und zuhören lässt.
Aber diesmal laufe ich weiter, die Stufen hoch und bald ab in die Bahn, fast ganz nach vorn,

weil es dort stets am leersten ist.

Ist tatsächlich recht leer und ich setze mich auf eine der Vierer-Bänke. Mir gegenüber sitzen 2 Typen. Einer in der Ecke links von mir, der andere in der Mitte, mir fast genau gegenüber. Der links hat die Füße ganz parallel nebeneinander aufgestellt und seine Hände darauf aufgestützt. Der mir gegenüber hat die Beine verschränkt und drückt seine Handballen fest neben sich ins Sitzpolster.

Beide sitzen kerzengerade und starren sinnentleert geradeaus.

Die MÜSSEN zusammen gehören, denke ich mir.

Als die Bahn anruckt, rutscht das übergeschlagene Bein des Mittleren herunter. Er starrt noch ein paar Momente vor sich her, wendet den Kopf dann langsam von links nach rechts, dann zurück in die Ausgangsstellung und schlägt das Bein erneut über das andere.

An der nächsten Station - **Görlitzer Bahnhof** - steigen wieder einige zu. Ein jüngeres Mädchen setzt sich rechts neben mich und hält krampfhaft ihr Handy fest. Mir rechts gegenüber nimmt ein Mann mittleren Alters Platz.

Als die Bahn wieder anfährt, das gleiche Bild: Das Bein meines direkten Gegenübers rutscht ab, der Kopf dreht sich sogleich wieder zwei Mal herum. Das Bein wird wieder über das andere gelegt, der Blick wieder abwesend geradeaus ins Leere starrend.

Vielleicht kann man es sich nicht vorstellen, aber es ist wirklich verdammt schwer, woanders hinzuschauen. Ich versuche es trotzdem. Immer wieder.

Erhasche dabei einen Blick auf das Handy meiner Nachbarin, die ob Ihrer krampfhaften Aufgeregtheit scheinbar alles um sich herum vergessen zu haben scheint. Verschickt sie da tatsächlich Nacktfotos von sich???

Weiß schon gar nicht mehr, wo ich hinschauen soll …

Da kommt der Halt am **Kottbusser Tor** gerade recht, obwohl es hier heute vollkommen menschenleer ist.

Der Typ rechts von mir steigt aus, meine Nachbarin erfreut mich in ihrer Unbekümmertheit weiterhin mit netten Fotos. Klar, was jetzt wieder passiert: Die Bahn fährt los, das Bein rutscht runter.

Die Typen fesseln mich doch mehr, als meine Spannerblicke. Liegt vielleicht auch an meinem Alter.

Allerdings überrascht mich nun der Mittlere. Zwar dreht sich der Kopf wieder, er verharrt jedoch auf der Seite, wo gerade noch der Mittelalter-Mann saß.

Er hechtet unvermittelt zu dessem noch warmen Platz, greift in die Polsterritze, holt etwas hervor, hechtet zu seinem Kumpel auf der anderen Seite und hält ihm einen Kugelschreiber vor die Nase.

"Kuck mal", meint er, „sowas kann man immer gebrauchen!" Der andere nickt, nimmt den Stift, steckt ihn sich ein. Sie schauen sich kurz an, nehmen dann sogleich wieder ihre Plätze und Hab-Acht-Stellungen ein.

Unter anderem ist eine Frau eingestiegen, etwa mit dem vierfachen Volumen eines

„Normalbürgers". Sie trägt 2 Taschen mit „Beate Uhse Motiven". Geworben wird darauf für superknappe Nikolaus-Bikinis, dargeboten von ausgewählten Schönheiten auf der einen, für ein Gleitgel mit Erdbeergeschmack auf der anderen.

Es ist nur eine Vermutung, aber wie sicher viele andere in diesem Moment konnte ich es mir nicht verkneifen, mir diese Frau in genau diesem Dress vorzustellen.

Auch, wenn ich dabei eine furchtbare Gänsehaut bekomme und sich meine verbliebenen Haare aufstellen.

Als ich aufschaute, sah ich in die grinsenden Gesichter von drei jungen Männern:

Und ich stellte mir vor, dass sie genau wie ich überlegten, ob man von diesem Bikini ob der überquellenden Massen der Trägerin überhaupt ein Blickerlebnis haben könnte. Wie sie sich mit Hilfe dieses Gleitgels hineingezwängt haben musste.

Kommt man ja anschließend auch gar nicht mehr in den Genuss des Chemie-Erdbeer-Schleckens …

Wir erreichen die **Prinzenstr**.

Unbeeindruckt von den erotisierenden Erlebnissen schneidet sich ein anderer Typ weiter hinten die Fußnägel und ein russisch anmutender Mann erzählt an der Tür stehend davon, dass ihm Jesus begegnet sei.

Ist das alles hier eher ein trauriger Anblick, oder doch schon freakig?

Hallesches Tor.

Hier muss ich raus und umsteigen in die U6,

gefühlte 1000 Meter und 1000 Stufen hinab in den Untergrund.

Wenn man mit dieser Linie fährt und auf die im Stau stehenden Autos hinunterblickt, hat man das Gefühl, als wäre man auf der Überholspur des Lebens. All die Zeit, die man sinnlos verbringt …

Werde ich mal dem Typen von vorhin erzählen, wenn ich ihm wieder begegne. Vielleicht mag er ja einen Sinnspruch draus machen.

Noch aber bin ich wie viele andere im Aussteigen begriffen und sehe eine junge hübsche Frau. Noch interessanter ist jedoch der runde Duschvorhang, den sie bei sich trägt und scheinbar gerade gekauft hat. Hab ich schon lange versucht zu kaufen, leider aber nirgends finden können.

Ich schneide ihr kurzerhand den Weg ab, nehme all meinen Mut zusammen und spreche sie an, obwohl sie die Ohren verstöpselt hat. Als sie mich registriert, hellt sich ihr Gesicht auf und strahlt mich an. Damit hatte ich jetzt nicht gerechnet. Dachte, sie wäre grummelig, weil ich sie aus Ihrer Musikwelt gerissen hätte. Wirkt ja doch immer wie ein: „Lass mich ja in Ruhe!", wenn sich jemand im öffentlichen Raum die Ohren verplombt.

„Hey!", sagt sie und ich bin wahrscheinlich einige Millisekunden zu lang sprachlos. Sie grinst und zieht die Augenbrauen lustig nach oben.

„Sorry", fange ich in gewohntem Englisch an, „ich suche schon lang so einen Duschvorhang und wollte fragen, wo du ihn gekauft hast."

„Ach so!", meint sie und sagt mir den Namen

des Geschäftes, ganz hier in der Nähe. „Wenn du magst, zeig ich dir, wo ich ihn gekauft hab." Hab seltsamerweise zurzeit keine Freundin, obwohl ich mich unter anderem durch gnadenlosen Charme und - trotz des Alters - gutes Aussehen auszeichne und sage: „Nein." Nur netter.

Oh Gott, wie blöd kann man sein, frage ich mich …

Sie schaut mich etwas traurig an, grinst, zwinkert, sagt: „Schade!" und läuft dann los. Verstehe nicht, was da grad los war und gehe auch weiter.

Während des Treppen-Marathons kann man einen Blick unter die Hochbahnbrücke werfen, wo es echt gruslig schmuddelig aussieht. So, wie es auf der ganzen Linie den Tauben vorbehalten bleibt, die Regentschaft der Hochbahnbrücken inne zu haben.

Oh je, bin jetzt doch ganz schön in Gedanken und hab dabei auch noch meine Duschvorhang-Besitzerin aus den Augen verloren.

Am letzten Treppenabstieg zum Bahnsteig remple ich aus Versehen eine nach oben steigende Frau. Ich verringere mein Tempo, drehe mich um, will mich entschuldigen und strecke dabei meinen Arm aus. Im gleichen Moment ist sie jedoch auch stehen geblieben, hat sich auch umgedreht. Und während sie schneller ist, sich zu entschuldigen, hat mein ausgestreckter Arm auch schon Ihre Brust erreicht. Ist mir echt peinlich. Und ich verharre dabei auch noch in meiner Stellung.

„Ok", meint sie tatsächlich lachend, „Entschuldigung ist jetzt angenommen, kannst

loslassen!"
Bin immer noch sprachlos, fange aber auch an zu lachen.
Und lasse erst dann los.
Oh Mann, denke ich, das hat echt meinen Tag abgerundet.

    Bald stehe ich am Gleis und die Bahn ruckelt an.
Nächste Station ist **Mehringdamm**. Ein Bahnhof, der fast immer knallvoll ist.
Nicht nur an dieser Station scheint es ein neuer Volkssport zu sein: Wer schafft es, die Bahn als Letzter zu verlassen?
Furchtbar.
Während die Massen schon in den Zug einzusteigen versuchen, fällt irgendeinem Blödmann auf, dass er ja hier aussteigen müsste. Meistens abgelenkt von dusseligen Handy-Chats. Und quetscht sich wie selbstverständlich durch die Menge hinaus. Dabei möglichst weiter ins Handy tippend.
Langsam spüre ich eine gewisse Müdigkeit.
Platz der Luftbrücke wird durchfahren, dann **Paradestraße**, wo auch nur eine Dame einsteigt, an der der Zahn der Zeit mehr als nur genagt hat, sowie ein Body-gebildeter Macho, dessen Muskeln es sich in einem Sitz bequem machen.
Am Umsteigebahnhof **Tempelhof** ist wie so oft reichlich Betrieb.
Eine Station noch.
Ein Pärchen setzt sich mir gegenüber und ich denke darüber nach, wie lang doch so eine kurze Strecke werden kann. Dieses Pärchen

hatte wohl offensichtlich gerade Sex, wie ich aus den Versuchen des Flüsterns entnehmen musste. Und nun Panik vor dem Nachwuchs, der sich einstellen könnte.

Gott sei Dank: **Alt-Tempelhof**. Ich steig aus. Auf dem Fußweg nach Hause muss ich natürlich noch an meinen Duschvorhang denken. Und natürlich an vieles Andere. Manchmal ist es total irre, im positiven Sinn, zu erleben, wie sich Berlin unter anderem mit den hier lebenden Menschen darstellt. Irre faszinierend. Die Stadt scheint auf Unmengen von Leuten solch eine Anziehungskraft zu haben, dass viele die Stadt besuchen, oder hierher ziehen. Dadurch entsteht ein unheimlicher Schmelztiegel. Andererseits glaube ich manchmal auch, dass dieser Schmelztiegel leider auch eine Art Müllhalde ist. Von der Gesellschaft Ausgestoßener, Missverstandener, Gestrandeter.

So viele Individuen hier sind eine Bereicherung für das Leben aller, auch, wenn die vollgestopften Bahnen oft nerven. Die Staus auf den Straßen. Die Unmengen an Bettlern. Die Wichtigtuer mit ihren aufgemotzten Autos. Die prahlenden Machos mit ihren aufgepumpten Armen. Die oft furchtbare Musik in den Bahnen und auf den Straßen. Die nervigen Touristen, die glauben, dass sie cool sind, weil sie unterwegs an der Bierflasche nippen.

Aber ohne das alles, und noch so viel mehr, wäre es nur eine normale Stadt.

Ich liebe Berlin.

Anekdoten

Die vorletzte Rubrik in diesem Buch.
Der Text: *Bus* erinnert mich immer daran, dass
man mit allem rechnen sollte. Und an sich
handelt *Verbunden* auch genau darüber.

Man soll die Dame nicht vor dem Frühstück
loben: *Vorfreude* zeugt von dieser Weisheit.
Einen kleinen, unvergesslichen Ausflug
beschreibe ich auch in *Schaut mal*.

Ach ja … Erinnerungen … Eine davon ist
Hilfe, Polizei.
Auch *Pause* schweift sehr weit ab in die
Vergangenheit. Hat sicher schon fast jeder
mitgemacht.

Liefern in einer *Garage* ist nicht immer so
einfach, aber auch außerhalb zeigt *Lenkfreuden*
kleine Tücken auf.
Ein weiteres Liefer-Erlebnis habe ich in
Leckereien aufgeschrieben.

Aids ist eigentlich eher traurig, *Genuss*
beschreibt meine Gier nach Süßigkeiten.
Den Abschluss bildet *Spiegel*, an den ich heute
noch denken muss.

Wie immer: viel Spaß!

Bus

Früher, in diesem Fall ca. 20 Jahre nach meiner Entschlüpfung, fuhren wir öfter mit dem Reisebus in den Urlaub. War extrem anstrengend und die Fahrten dauerten lange. Aber es war preiswert.

Dieses Mal wollten wir nach Griechenland. Treffpunkt war der Busbahnhof in der Nähe des Berliner Funkturmes um 06:00 Uhr morgens. Wach wurde ich um 06:30 Uhr …

Im Allgemeinen brauche ich recht lange, um mich nach dem Aufstehen in der Realwelt zurecht zu finden. Heute machte mein Körper eine Ausnahme. Ich weckte meine Freundin, die nach einem Blick auf die Uhr natürlich gleich *grummelig* wurde.

Verdammt … verschlafen!

Ich ging nicht drauf ein, überlegte krampfhaft. Ein paar Momente später gab ich ihr ein paar kurze Anweisungen: Anziehen, Gepäck - war schon gepackt - an die Tür tragen.

Indes und beim Überstreifen meiner eigenen Klamotten griff ich zum Telefon und rief ein Taxi.

Innerhalb von 10 Minuten schafften wir es so, die Wohnung nach dem Aufstehen verlassen zu können.

Das Taxi kam Gott sei Dank sofort und ich erzählte dem Fahrer kurz von unserer Situation und fragte, ob er wisse, welchen Grenzübergang (die Mauer war zu dieser Zeit leider noch keine Geschichte) ein Bus nach Griechenland nehmen würde.

Wir wussten natürlich alle, dass die

Wahrscheinlichkeit, unseren Bus einzuholen und dann auch noch am richtigen Grenzübergang abfangen zu können, nicht berauschend hoch war. Dem Taxifahrer gefiel unsere Geschichte aber, und er hielt während des Fahrens Rücksprache mit anderen Fahrern. Schließlich erreichten wir den komplett leeren Übergang.
Unsere Laune sank noch weiter.
Der Taxifahrer wartete mit uns zusammen. Und tatsächlich: 10 Minuten später kam ein Bus, UNSER Bus (Stellten wir fest, nachdem wir uns bemerkbar gemacht und den Bus angehalten hatten)!
Wir hatten totales Glück und den Vorteil, dass uns alle im Bus ab diesem Moment sofort kannten.

Verbunden

Es war einmal … ganz viel früher.
Meine Ex-Frau war / ist jemand mit einer überdurchschnittlichen Affinität zur Exzessivität des gesprochenen Wortes per Telefondraht.
Also, wenn das Telefon klingelte, war meist sie diejenige, die zum Hörer griff und sich dann ins ruhige Schlafzimmer begab.
Wie auch an diesem Tag.
Keine Ahnung, was ich in der Zeit getrieben hatte, jedenfalls kam sie nach knapp 20 Minuten aus dem Schlafzimmer zurück, setzte sich etwas grummelig mir gegenüber.
Jetzt würde mir sicher gleich ein Telefonats-Protokoll vorgetragen werden.
„Stell dir vor", fing sie an, „da rief grad so ein Typ an. Es hat erstmal gedauert, bis ich ihm erklären konnte, dass er sich verwählt hat.
Aber eigentlich war er ganz nett. Wir sind dann irgendwie ins Gespräch gekommen, hab scheinbar wieder zu viel erzählt, er wurde immer ruhiger. Dann hat er mich irgendwann unterbrochen und gesagt: „Wir können jetzt auflegen … jetzt kommt *er*!" und hat aufgelegt.
So ein A…"

Vorfreude

Während meiner Sturm- und Drangzeit war
ich mit einem Freund auf dem Kudamm
unterwegs. Es war schon recht spät, bzw. früh:
01:00 Uhr.
Wir standen vor dem Schaufenster eines
Geschäftes, gleich am Eingang zu einer U-Bahn
und waren drauf und dran, nach Hause zu
düsen. Der Kudamm ist wirklich sehr breit und
da ich im Moment nicht dort bin und deshalb
nur schätzen kann, würde ich mal sagen: so
ca. 10 Meter.
Also ca. 10 Meter entfernt von uns an der
Straße hielt in unsere Entscheidungsfindung
hinein eine fette Limousine, die natürlich
unsere Neugier weckte.
Der Fahrer stieg aus, vorbildlich gekleidet mit
stattlicher Statur, lief um den Wagen herum
und öffnete die hintere Wagentür.
Er blieb dann einfach neben der geöffneten Tür
stehen und wartete.
Da die Limousine blicktechnisch für uns sehr
günstig stand, konnten wir nun in das Auto
hineinschauen. Und das, was wir sahen, ließ
uns dann doch noch einen Moment verweilen
und eine Rückfahrt nach Hause verschieben.
Auf dem Rücksitz des Wagens saßen zwei
Frauen, knapp berockt, wunderbar geschminkt
und mit Oberteilen, die einiges versprachen.
Beide lachten und wussten scheinbar noch
nicht, was sie jetzt um diese Uhrzeit
unternehmen wollten.
Wir in unserer etwas nachpubertären Zeit
hatten unseren Blick nicht abwenden können

und harrten der Dinge, die die Beiden nun entscheiden würden.

Unsere sozusagen bohrenden Blicke blieben jedoch nicht unbemerkt. Beide schauten uns nun direkt an, grinsten, tuschelten.

In unserer Unbekümmertheit hielten wir den Blicken natürlich stand und grinsten zurück.

Das eine der beiden plötzlich den Arm in unsere Richtung streckte und uns zum Auto zu winken aufmachte, war uns im ersten Moment dann doch etwas peinlich. Boah, da saßen diese beiden Klasse-Frauen in einer fetten Limousine und winkten uns zwei Jungspunte zu sich heran …

Sicher standen wir beide schon kurz vor einem Herzkasper, nahmen aber gleichzeitig Fahrt auf und gingen langsam Richtung Wagen.

Je näher wir kamen, desto deutlicher konnten wir die Frauen natürlich sehen. Lange, schlanke Beine, junge, lachende Gesichter, …

Was sollte man anderes denken, in solch einer Situation, als an baldigen Spontan-Sex in einem teuren Hotelzimmer!?

Uns schwoll der Kamm.

Und je näher wir kamen, desto perfekter sahen die beiden aus.

Schließlich standen wir direkt an der geöffneten Tür, beugten uns zu den Frauen hin und mussten feststellen, dass das die am geilsten geschminkten Transvestiten waren, die wir bis heute jemals gesehen haben.

Ich weiß nicht mehr, wie wir uns der Situation wieder entziehen konnten, weiß aber noch genau, dass es zu keinem Stelldichein kam.

Und die Moral von der Geschicht?
Weiß ich nicht.

Schaut mal

Als meine Kleinen noch klein waren (zu der Zeit waren es zwei an der Zahl, von denen ich wusste), machten wir einen Ausflug nach Babelsberg, in Potsdam, dicht bei Berlin.

Außer meinen beiden Kindern und meiner Freundin waren auch mein leider schon verstorbener Freund, seine Freundin und deren zwei Kinder mit dabei.

Es war wirklich ein schöner Tag, etwas zu warm vielleicht. Wegen des schönen Wetters war es aber auch etwas voll, so dass wir uns in eine längere Schlange zur Kasse anstellen mussten.

Nun kann man in solch einer Warteschlange bekanntermaßen aber leider nicht viel mit kleineren Kindern anstellen. Und denen wird irgendwann viel zu langweilig beim Rumstehen.

Zunächst rasten die Vier kreuz und quer übers Gelände, was jedoch bald extrem laut und störend wurde.

Vornehmlich für die kinderlosen.

Also gemahnten wir sie zur Ruhe und zitierten sie zurück in die Reihe, wo sie mehr oder weniger herum maulten.

Das ging dann eine Weile gut.

Gefühlte 2 Minuten später sprang Sohn 2 in die Luft, kehrte der Schlange den Rücken und lief ca. 10 Meter weiter.

Dort blieb er stehen, drehte sich um, zog sich die Hosen runter, begann an sich rumzuspielen und rief laut: „Guckt mal, was ich kann!"

Solch eine Situation wünsche ich echt jedem ein Mal …

164

Hilfe, Polizei!

In der Regel bin ich immer zu faul, zum Friseur zu gehen. Hab halt ne Schüttelfrisur und es macht mir nix aus - also das Yetieske. Zu Besuch bei Muttern wurde ich natürlich diesbezüglich immer mit besorgt, fürsorglichen Blicken bedacht.

Sie hatte so eine neue Schermaschine ...

Ich war zwar etwas grummelig, ließ mich aber nach längerer Diskussion auf eine Beschneidung ein. Zumal man an der Maschine eine Zentimeterauswahl für die Resthöhe auswählen konnte.

Nachdem ich mich drauf eingelassen hatte und die Tortur mit reichlich Resthöhe begonnen hatte, gab es kein Zurück mehr. Hilflos saß ich da und sah Strähne um Strähne dahinziehen.

Am Ende sah es echt gruselig aus ...

Aber war ja nun zu spät, um Einwände anzubringen.

Zu Hause - ich wohnte in einer eigenen Wohnung - entschloss ich mich, einfach alles weg zu rasieren. Was ich auch sofort tat.

Jetzt sah es richtig übel aus ...

Am besten, ich würde jetzt einfach für 2 Monate nicht mehr die Wohnung verlassen.

Klar, ging natürlich nicht. Also ignorierte ich einfach meine Glatze und ging zum normalen Tagesgeschehen über. Dazu gehörte auch ein Besuch bei meiner Oma.

Bei ihr angekommen klopfte ich erstmal ganz dezent an die Tür, statt zu klingeln. Falls sie sich kurz hingelegt hatte.

Hatte sie aber nicht, denn ich hörte sogleich ihre lauter werdenden, schlürfenden Schritte.

„Wer ist da?", hörte ich sie sagen, während sich ein Auge hinter den Türspion schob.

„Micha!", erwiderte ich.

Doch statt einer freudigen Begrüßung hörte ich bloß: „Gehen sie weg! Wer sind sie? Lassen sie mich in Ruhe!"

Oh je, das mit der Frisur war wohl doch kein so guter Gedanke gewesen.

„Gehen sie jetzt endlich! Weg hier! Ich ruf die Polizei!"

Puuh …

Ich musste also tatsächlich gehen, suchte mir eine Telefonzelle (!), rief sie an und beruhigte sie.

Schließlich durfte ich etwas später doch noch rein.

In der Zeit, als ich dann dort war, ließ sie aber kaum ein Auge von mir.

Also liebe Leute: Careful with the Frisur!

Pause

Während des Lieferns hat man keine geregelten Pausenzeiten.

Musste ich in Spandau liefern, stellte ich meinen Wagen meist an der Charlottenburger Chaussee ab, Richtung Kladow.

Auf dieser Straßenseite ist es recht ruhig, während auf der anderen Seite doch immer einige Fußgänger flanieren. Hier hatte ich meine Ruhe.

Las dann ein wenig in der Zeitung und aß etwas dabei.

Ein sporadischer Blick in den rechten Außenspiegel offenbarte mir einen Mann, der sich dem Auto näherte. Da alle Türen nicht verschlossen waren und ich Ware im Auto hatte, behielt ich ihn in einem Auge.

Der lief aber nicht am Auto vorbei, sondern blieb daneben stehen, öffnete seine Hose und schickte sich an, seinen kleinen Freund rauszuholen und gegen das Auto zu pinkeln. Erst war ich knallsauer, überlegte kurz, ob ich hupen und meckern sollte, entschloss mich dann aber, einfach den Zündschlüssel zu drehen und 10 Meter vorwärts zu fahren.

Das ging bei diesem zuverlässigen Auto eins-drei-fix und so konnte ich rückspiegeltechnisch noch in sein dummes Gesicht schauen. Wie er so da stand, entblößt und es nicht mehr halten könnend, während die Leute von der anderen Straßenseite sich *amüsierten*.

Garage

An einen Vorfall beim Liefern kann ich mich auch noch recht gut erinnern.

Wieder einmal musste ich ein Hotel beliefern. Neuer Kunde mit einfachem Lieferweg.

Diesmal durfte ich mit einem Bulli dorthin fahren.

War wirklich ein sehr treuer Geselle. Und der Geselle war randvoll mit Waren.

Wieder ab in eine Garage, zehn, zwanzig Meter geradeaus, genau bis zu einer Tür an der fett: **Anlieferung** stand.

Kurz reingegangen, die anwesenden Köche vorgewarnt, Handwagen genommen, Waren drauf, alles abgeliefert, fertig. Das ging schnell.

Ab in den Bulli und Richtung Ausfahrt.

Die sich schnell und eng näherte.

War die Durchfahrtshöhe vorhin auch so knapp bemessen?

Vorsichtig an die Durchfahrt rangefahren und geschaut.

Tatsächlich: Ohne das Gewicht der Waren im Auto würde ich hier nicht mehr rauskommen.

Der Bulli war ohne die zusätzlichen Kilos etwas zu hoch, um die Garage unbeschadet verlassen zu können.

Watt nu? Wieder einladen und von draußen liefern? Wäre ja mehr als dumm.

Also bin ich zurück in die Küche, hab mir alle Köche geschnappt und in den Bulli verladen.

Hat wirklich gut geklappt mit den Koch-Kilos! Und die Köche hatten, soweit ich aus ihrem Lachen schlussfolgern konnte, einen köstlichen Tagesstart.

Lenkfreuden

Wo wir schon mal bei „keinen richtigen Anekdoten" sind …

Das Liefern hielt schon einige Fallstricke in der Hinterhand. Gerade im Winter.

Seinerzeit, also als ich noch jung und knusprig war, musste ich auch diverse Hotels beliefern. In den meisten Fällen ging die Arbeit immer relativ schnell, da man dort gut organisiert war. In diesem Hotel hier: Auffahrt runter, Halteplatz zwischen den anderen Lieferfahrzeugen gesucht, Containerwagen beladen, Ware abnehmen lassen, zurück zum Auto und wieder weg.

Heute jedoch war die Auffahrt etwas defizitär von Schnee und Glätte bereinigt. Was ich merkte, als ich oben ankam. An der Stelle, wo es gleich wieder eine gerade Straße wird, aber noch Gefälle herrscht.

Klar, was jetzt passierte.

Der Wagen weigerte sich, seine Vorwärtsbewegung fortzusetzen.

Gaaaaaanz langsam begann das Auto, die Auffahrt rückwärts hinab zu rutschen. Da kann einem selbst im Winter sehr rasch sehr warm ums Herz werden, zumal am Fuß der Auffahrt ja andere Wagen parkten.

Wie auch immer: Mit wilden Lenkbewegungen und stotternder Bremse gelang es mir tatsächlich, keinen Unfall zu bauen.

Und irgendwann konnte ich auch die Auffahrt überwinden.

Leckereien

In meiner Zeit als Auslieferungsfahrer, die jetzt auch schon wieder lange her ist, sind natürlich auch einige Dinge passiert, die ich im Nachhinein belächeln kann. Leider erinnere ich mich nicht mehr an viele.
Und so eine richtige Anekdote wird es jetzt auch nicht.
Bloß eine „nette" Erinnerung.

Mitunter kam es vor, dass ich Waren ausliefern musste, die Örtlichkeiten dort jedoch nicht kannte. Wie auch dieses eine Mal.
Das Hotel hatte ich leicht gefunden, ebenfalls den Aufzug. Also Ware zusammengepackt, hin zum Aufzug, Ware ausgeliefert, zurück zum Aufzug.
Leider waren die Knöpfe zu den Stockwerken nicht richtig beschriftet und ich wusste nicht so recht, wo jetzt mein Lieferwagen stand.
Hoch war`s einfacher …
Ok, dachte ich, halb so wild, irgendwo werd ich schon rauskommen.
Nun muss man wissen, dass mein Ortssinn von Kindesbeinen an extrem ausbaufähig ist. Wenn man das so umschreiben kann. Bin manchmal froh, wenn ich in die Küche finde …
Hier in diesem Aufzug und an diesem Tag wählte ich – natürlich – den falschen Knopf und landete in irgendeinem Kellergeschoss.
War ich von hier gekommen? Dann durch irgendeine Tür gegangen? Musste doch ganz einfach gewesen sein …
Ich lustwandelte also einfach ein wenig vor

mich her, besah mir die Türen. Zog an der einen: verschlossen, an einer anderen: verschlossen, an einer dritten: OFFEN! Na gut, es war nicht die Tür, die mich weiter zu meinem Wagen gebracht hat. Aber – und darum weiß ich selbst heute nicht, ob mein schlechter Ortssinn etwas sehr Negatives ist – ich landete statt in einer Garage oder Ähnlichem in einer Damenumkleidekabine! Zu meinem Glück landete ich hier scheinbar kurz vor Schichtbeginn, denn eine Handvoll Damen war gerade dabei, sich zu entkleiden. Ich denke, es war sicher kurz vor Schichtbeginn und sie standen nicht wegen mir so da. Mein Gott – welch Augenweide!

Ich stammelte etwas von meiner Suche, ließ meine Blicke dabei natürlich nicht von den Körpern.

Die Frauen grinsten lediglich, statt mir einen Tritt zu geben und mich wieder hinaus zu befördern. Eine von ihnen kam sogar zu mir, nahm mich an die Hand, zog mich ein Stück mit sich und zeigte mir immer noch barbusig den Ausgang.

Wie gesagt ... keine richtige Anekdote. Aber nett ...

Aids

Auch schon lange her.

In grauer Vorzeit, als meine lieben Teppichratten noch nicht über 1,80 m groß waren, fuhren sie – natürlich – auch öfter mit der U-Bahn.

Meine Ex-Frau erzählte mir abends von einem Vorfall, der sie morgens mit einem unserer Kinder ereilt hatte.

Zu dieser Zeit war Aids noch viel weniger „bekannt", als es heute der Fall ist.

In den fast vollen Waggon stieg ein Mann, den man sich so vorstellen musste, wie unser Klischeedenken über das Aussehen eines Bettlers. Er begann zu erzählen, gab laut und ungeübt einen kurzen Einblick in sein Leben, von Arbeits- und Wohnungslosigkeit und dass er Aids habe. Bei Erwähnung der Krankheit wurde es plötzlich mucksmäuschenstill in der Bahn. Der Mann fuhr unbeirrt fort, dass er sich darüber freuen würde, wenn man ihm eine kleine Spende zukommen ließe.

Es wurde noch stiller, als still. Viele Momente hatten alle nur das Rattern der Bahn in den Ohren.

In diese Stille hinein rief unser Sohn ganz laut zu seiner Mutter gewandt: „Mama, warum gibst du dem Süßen nicht was?"

Woraufhin sich alle Köpfe zu ihr drehten.

Ich weiß nicht mehr, wie es ausging, kann mir die Peinlichkeit der Situation aber gut vorstellen

Und hoffe, dass dem Kranken alles verbliebene Glück zu Teil werden konnte.

Genuss

Scheint mir schon Ewigkeiten her zu sein. Ist ja auch so …

Wir waren öfter zu Besuch bei der Oma meiner Ex-Frau.

Klar, dass sie sich immer über Besuch freute. Und gerade mir, der ich bekannt dafür war, Süßigkeiten jeglicher Art zu lieben, wurden mitunter allerlei Köstlichkeiten kredenzt.

Es war nun leider doch schon eine Weile her, dass wir bei der Oma waren und aus diesem Grund hatte sie diesmal etwas ganz Besonderes für mich:

EDLE TROPFEN IN NUSS!

Wer diese wunderbaren *Pralinen* nicht kennt, sollte sie unbedingt ein Mal probieren. Früher gab es sie nur mit dunkler Schokolade überzogen, heute gibt es diese mit verschiedenen Schnäpsen gefüllten Nussberge auch mit einem Überzug aus weißer Schokolade.

Beim Gedanken daran laufen mir gerade wieder die Säfte im Mund zusammen …

Wie auch immer, hab ja leider beim Schreiben jetzt keine hier.

Jedenfalls standen Kaffee und Kuchen seinerzeit bereits auf dem Tisch, als Oma diese Packung Nusstropfen vor mich auf den Tisch legte.

„So, mein Lieber", meinte sie, „haben uns ja schon länger nicht mehr gesehen!"

Ich lächelte, näherte meine Hände langsam der Verpackung. Wollte ja nicht den Eindruck erwecken, ich sei gierig …

Es gelang mir schließlich, das umhüllende Plastekondom zu entfernen, stülpte den oberen Teil des Verpackungs-Kartons über die Unterseite und hatte nun meine Tagesköstlichkeit bar jeder Verpackung vor mir liegen.

Unter den traurig, eifersüchtigen Blicken der um mich Herumsitzenden nahm ich mir das erste Teilchen, schob es in den Mund und begann, mit etwas schlechtem Gewissen darauf rum zu kauen.

Meist ist es so, dass wenn eine Speisung von neidischen Blicken begleitet wird, es nicht so richtig schmecken mag.

Klar hatte ich noch vor, was abzugeben, aber dafür war`s noch zu früh.

Hastig schlang ich das erste Stück hinunter und nahm mir das zweite.

Schmeckte aber auch nicht so recht.

Überhaupt: Wenn ich mir die Pralinenteilchen so in ihrem Packungszuhause ansah, wirkten sie durchaus etwas blass.

Ich entschloss mich zu dem abenteuerlichen Unterfangen, meine dritte Praline mit den Zähnen in der Mitte zu zerteilen, weil ich auch keinen Alkohol schmecken konnte und mich vergewissern wollte, dass das leckere Gebräu tatsächlich auf mich wartete.

Anstatt des füllenden Alkohols erblickte ich einen Wurm, den ich mit meinem Biss in der Mitte geteilt hatte.

Vielleicht war es auch nicht ganz die Mitte.

Vielleicht war es auch eine Made.

Vielleicht war das nicht mein Tag.

Die um mich Herumsitzenden konnten sich

spitze Bemerkungen nicht verkneifen, ich ließ
mir jedoch nichts anmerken.
Oma tat es natürlich leid.
Es war dann auch das erste Mal, dass ich das
Angebot eines Schnapses (direkt aus einem
Glas!) drei Mal annahm …

Spiegel

Als ich noch ein bei meinen Eltern lebender kleiner Murkel war, durfte ich noch die Vorzüge des Schuldaseins genießen.
Etwas, was scheinbar viele heutzutage gar nicht mehr zu schätzen wissen.
Meine Eltern mussten schon früh raus zur Arbeit, meine Schwester hatte schon zur ersten Stunde die Wohnung verlassen.
Ich durfte zur dritten Stunde gehen, hatte also noch meine Ruhe und konnte meiner Langschläfrigkeit fröhnen.
Trotzdem war ich etwas zu spät aufgestanden. Schnell was gegessen, Kurzwaschung, Zähne geputzt. Ein kurzer Blick in den im Korridor hängenden Spiegel und auf zur Schule.

Hatte heute nicht nur spät aufstehen dürfen, sondern war auch der Erste, der wieder zu Hause war.
Eines gefiel mir jedoch überhaupt nicht, nachdem ich die Wohnungstür hinter mir geschlossen und einen Blick in den Korridor gemacht hatte.
Der Spiegel war ungefähr einen Meter hoch und einen halben Meter breit. Gefasst von einem gusseisernen Rahmen.
Weil er sehr schwer war, hatte ihn mein Vater an einem robusten Haken aufgehängt.
Dieser Haken war auch noch immer fest verankert, der Spiegel jedoch stand an der Wand gelehnt darunter auf dem Boden.
Ich durchsuchte die Wohnung. Niemand da. Schaute mir noch ein Mal den Spiegel und den

Haken an.

Der Haken ließ sich nicht bewegen, steckte fest in der Wand.

Später fragte ich, ob in der Zwischenzeit jemand zu Hause gewesen war, was jedoch alle verneinten.

Und so verfolgt mich bis heute ein etwas mulmiges Gefühl …

Werbe-Ausklang

Das Ende naht.
Meins sowieso, hier jedoch das des Buches.
Haben Sie es bis hierher geschafft?
Ok … etwas sinnlose Frage.
Wer`s also bis hierher geschafft hat und sich
vor Gier nach mehr Lesestoff kaum
beherrschen kann, dem seien hier zwei weitere
Bücher von mir ans Herz gelegt.

Dämmerung stammt aus dem Jahr 2014.
Darin finden sich Texte *„über die Liebe mit
einem unwägbaren, feinen Hauch von Tragik,
der zart und schmerzlich über den Dingen
schwebt. Glück und Elend miteinander
verwobener Leben. Seltsame, oft traumhafte
Gemälde, Träume stürmischer Stunden voll
leuchtender Pracht und blühender Menschen.
Von Versunkenheit über Entsagung bis zum
Tod. Ein Bilderbuch ohne gezeichnete Bilder*“.
Die ISBN lautet: 9783958654723
Ein Textauszug:

Für immer
*Wenn es die eine wahre Liebe zwischen Mann
und Frau gibt, warum verlieben wir uns dann
so oft in unserem Leben? Jedes Mal in dem
Glauben, denjenigen gefunden zu haben,
nachdem wir immer suchten?
Wir verlieben uns in ein Lächeln, in Worte des
Schmeichelns, die Art, wie sich der andere
bewegt oder redet. Verlieben uns in einen
Augenaufschlag, in ein bezauberndes*

Schmunzeln, ein gemeinsames Schweigen können, finden Menschen mit Eigenschaften, nach denen wir uns immer sehnten. Da ist der innige Wunsch in uns, jemanden gefunden zu haben, mit dem man die eigenen Sehnsüchte und Träume neu entdecken kann.
Leider scheitert die Liebe so oft am Unvermögen zu begreifen, dass man am Ende eines Weges angelangt sein könnte. Weil das Vertrauen fehlt, sich zu entscheiden: entweder an dem festzuhalten, was ist, oder aber an der Illusion dessen, was sein könnte.
Weil diese Illusion, ein erfüllter größter Traum, nichts Gleichwertiges nach sich ziehen kann?

Das zweite Buch handelt von Luzie und Sophie. Zwei Engel-Schwestern.
Dieser letzte Text in diesem Buch ist etwas neuer und nicht im Buch: **Wolkengeflüster**.
ISBN-10: 300025210X
ISBN-13: 978-3000252105
Mehr Infos unter:
www.engelsfluestern.de

Genug mit der Eigenwerbung.
Ich wünsche nun erneut Viel Spaß beim Lesen, entschuldige mich nochmal für alle Schreibfehlers, Unlogisches, Unausgegorenes, Unvollständiges, und so weiter und so weiter.

Bis bald!
Michael Jordan

Luzie und Sophie: Theater

Langsam wurde es wieder wärmer.
Überall auf der Erde begann der Schnee zu
schmelzen.
Hoch oben am Himmel saßen zwei kleine Engel
auf einer Wolke und wussten, dass der Winter
fast zu Ende war.
Die beiden Schwestern freuten sich schon auf
die vielen bunten Blumen, mit denen die Erde
bald wieder bedeckt sein würde.

„Ach", sagte Sophie, die größere Schwester,
und streckte die Arme in die Höhe, „was ist das
für ein schöner Tag heute!"
Luzie schaute etwas weniger begeistert zu
Sophie hinauf.
„Meinst du?", fragte sie kurz.
„Hast du denn schon deine Hausaufgaben
gemacht, Luzie?"
„Nö", erwiderte ihre kleine Schwester.
Bevor Luzie eine Ausrede einfiel, sprach Sophie
schon weiter.
„Na ja, macht nichts. Die kannst du ja nachher
noch machen."
Drehte sich um und ging zum Rand der Wolke,
um hinunterzuschauen.
Darum konnte sie auch nicht sehen, dass
Luzies Mundwinkel nach unten gefallen waren
und ihre Augen sehr erstaunt schauten.

Da stand Sophie auch schon wieder neben
ihr und hielt ihr etwas unter die Nase.
„Möchtest du ein wenig Himmelsgebäck mit
Sternenzucker?"

Luzie rollte mit den Augen, schnüffelte ausgiebig am Gebäck und nahm sich eine Handvoll.

„Getsch dir gutt?", fragte sie mit vollem Mund.

Sophie hatte sie wohl nicht gehört, denn sie sagte nur, dass sie sich noch ein paar von den Süßigkeiten nehmen solle, weil die doch so lecker seien.

Luzie grinste und kaute mit lautem Schmatzen, um ihre Schwester ein bisschen aufzuziehen.

Allerdings schien Sophie das heute nicht zu stören.

Sie lief wieder in Richtung des Wolkenrandes.

Luzie - grinsend, kauend und immer lauter schmatzend - hinterher.

„Was für ein schöner Tag!", dachte nun auch sie.

„Komm, Luzie, wir räumen mal die Spielsachen in dein Zimmer!", sagte Sophie und begann aufzuräumen.

Luzie hatte sich hingesetzt, stopfte sich einen Keks nach dem anderen in den Mund und beobachtete, wie Sophie hin und her flitzte.

„WAS FÜR EIN SCHÖNER TAG!", dachte Luzie erneut.

Als die Kekse alle waren, war Sophie fertig und hatte sich lächelnd vor ihre Schwester gestellt.

Luzie grinste und zeigte auf den kleinen Bagger, der noch neben der Couch stand.

„Kuck mal – wir haben was vergessen!", sagte sie ganz ernst.

„Ach Luzie!", lachte Sophie und brachte den Bagger in Luzies Ecke.

„Die Kekse sind alle", meinte Luzie.

Zusammen durchwühlten sie gleich darauf den Schrank mit den Süßigkeiten und konnten noch die eine und andere Kleinigkeit finden.
Luzie wunderte sich immer mehr. Wo ihre Schwester doch sonst so genau mit dem Einteilen von Keksen und Schokolade war …
Die beiden setzten sich auf den Boden und hatten schon eine Menge gemampft, als es an der Wolkentür klingelte.

„Es hat geklingelt, es hat geklingelt! Luzie, machst du mal schnell auf!", rief Sophie und sprang in die Höhe.
Luzie grummelte, wollte zur Tür gehen, machte aber noch einmal kehrt und nahm die Schale mit den restlichen Keksen und der Schokolade zur Tür mit.
Sie schaute, wer zu Besuch kam und öffnete kopfschüttelnd die Tür.
Herbert, der blondgelockte Engel mit der Kartoffelnase, den Luzie manchmal in der Schule gesehen hatte, stand dort.
„Ist Sophie da?", fragte er strahlend.
„Isch kuck mal!", antwortete Luzie noch immer kopfschüttelnd, schaute zu Sophie, die einen dunkelroten Kopf bekommen hatte und rief:
„Schophiiie! Dein Beschuch ischt da!"
Dann drehte sie sich um und ging in ihre Ecke.
„So ein Theater!", dachte sie und freute sich auf die Süßigkeiten, die sie nun in aller Ruhe aufessen konnte.